我国大型企业集团产融共生发展策略研究

高金山　著

中国金融出版社

责任编辑：方　蔚
责任校对：刘　明
责任印制：张也男

图书在版编目（CIP）数据

我国大型企业集团产融共生发展策略研究／高金山著．—北京：中国金融出版社，2021.2
ISBN 978-7-5220-1019-9

Ⅰ.①我…　Ⅱ.①高…　Ⅲ.①企业集团—企业管理—研究—中国　Ⅳ.①F276.4

中国版本图书馆 CIP 数据核字（2021）第 026779 号

我国大型企业集团产融共生发展策略研究
WOGUO DAXING QIYE JITUAN CHANRONG GONGSHENG FAZHAN CELUE YANJIU
出版发行　中国金融出版社
社址　北京市丰台区益泽路 2 号
市场开发部　(010)66024766，63805472，63439533（传真）
网上书店　http：//www.chinafph.com
(010)66024766，63372837（传真）
读者服务部　(010)66070833，62568380
邮编　100071
经销　新华书店
印刷　保利达印务有限公司
尺寸　169 毫米×239 毫米
印张　14.5
字数　176 千
版次　2021 年 2 月第 1 版
印次　2021 年 2 月第 1 次印刷
定价　58.00 元
ISBN 978-7-5220-1019-9
如出现印装错误本社负责调换　联系电话(010)63263947

序一

近年来，企业产融结合实践如雨后春笋层出不穷。有些企业把握时代潮流，加快金融产业战略布局而收益颇丰。代表企业如海尔集团，海尔集团通过产融结合，在提高资金周转效率、降低财务费用和创造收入增长点的同时，推动多元化战略转型发展，优化核心产业产品线并为客户配套多样化金融服务，通过差异化策略超越竞争对手。反之，如德隆集团，虽然借助资本运作进入新产业，但没有整合形成高效产业链，反而侵蚀产业资本。此外，在风险预警机制缺失的情况下，德隆金融资本的急速扩张最终摧毁了实体产业。可见，产融结合既有成功的经验，也有失败的教训，如何更好地促进企业产融实践，如何评价产融结合效率亟待探索。近期，关于企业产融结合的话题也是热度不减。中国人民银行原行长周小川在对党的十九大报告的解读中指出，“金融和实体经济是共生共荣的关系，服务实体经济是金融立业之本，也是防范金融风险的根本举措”。在主题为“从高速增长到高质量发展”的中国经济 50 人论坛 2018 年年会上，国家金融与发展实验室理事长李扬表示要正确认识“金融创新”与“产融结合”的关系。

然而，在国际经济环境复杂多变，我国面临经济结构调整和发展模式转变的背景下，学术界和实业界对如何科学评价企业集团产融结合效率和路径模式选择的研究并不多见，也未从整个产业链乃至整个生态圈的角度考虑产业和金融之间的关系。高金山博士的《我国大型企业集团产融共生发展策略研究》一书在上述方面做了较多研究与补充。该书是作者在其博士论文基础上结合实践撰写而成的一部著作，也是其作为新能源产业金融从业者从实践角度思考实业与金融有效结合，促进企业发展壮大的一部力作。通过该书，作者致力于探索金融服务实体经济的有效途径，探究在供给侧结构性改革背景下中国企业集团如何依靠合理的路径和模式选择开展科学有效的产融结合，通过效率评价体系不断优化融合并进一步实现整个产业链生态圈资源有效配置。

该书首先选取2008—2018年有代表性的“由产到融”上市公司样本，分别从企业数量、行业分布、参控股情况、企业性质等多维度进行统计分析，揭示企业产融结合的路径和模式，同时挑选海尔集团、三菱集团、德隆集团、GE集团、华为公司5个企业集团进行案例分析。其次，也是该书最为难能可贵之处，是作者在相关多角化发展战略理论、规模经济理论、结构洞理论的基础上，创新提出产融共生理念。产融共生是企业模式选择和效率评价体系，致力于相关产业生态圈的重塑和价值创造，是在产融结合的基础上，通过机制创新、模式创新实现产业生态链的成长与优化。再次，该书提出一套基于现金日记账的企业产融结合资金管理有效性评价方法，该方法有助于提升企业资金管理效率，进而提高产融共生效率。同时，作者采用C5.0决策树算法建立了企业“产融结合”主导型组织模式和发展模式的决策规则，为未来我国企业集团选择产融结合模式，提供了有效的分析工具。最后，作者基于企业实体产业需求，提出“以产定融、以融促产、产融结合、服务主业”的战略定位。

高金山博士在入学时就萌生了研究产融共生的想法，怀揣着对科学方法及学问的无限敬畏与向往，三年苦读，不断探索，努力钻研，最终收获颇丰。综观全书，论点鲜明，逻辑性强，具有一定的独创性。但仍有一些不足之处，该书分析得出核心企业资金管理效率是企业产融共生效率的核心影响因素，从而基于现金日记账方法提出一套产融共生效率评价体系，但其他维度，如企业战略、公司管理等都是值得研究的角度。另外，随着科技的进步，区块链技术的革新，大数据时代的到来，统计研究方法的不断更新，宏观经济环境的日益变化，影响微观企业产融结合及其产融共生状态的因素将不断变化，因此，关于微观企业产融结合及其产融共生状态的研究也应随之持续下去。

在本书出版之际，我作为作者的博士生导师，欣然为高金山博士新书作序，借此机会，建议经济、金融专业在校学生多多研读，同时也希望这本书能够带动更多金融理论研究者、探索者参与到产融实践研究，为我国经济健康发展建言献策。

中国科学院大学副校长、博士生导师
董纪昌

序二

制造业的规模化成长，产融结合是必经之路，尤其是在进入互联网新时代，产融结合可为产业链联盟、企业间生态圈，以及企业规模化、集约化发展提供强有力的支持。《中国制造 2025》指出，建设制造业强国要有配套的金融扶持政策，制造业的发展有赖于金融的支持。正是在这一国家战略的指引下，金风科技在创业初期就开始了产融结合的积极探索，并取得了很好的体验。

实践是理论的基础，理论必须和实践相结合。本书作者高金山博士是风电行业产融结合实践的领军人物和践行者，他具备 22 年产业金融工作经验，是金风科技高管团队成员，金风金融板块创始人，他有 10 多年中国银行和国家开发银行从业经验，热爱产融结合创新模式开发，在金风科技 10 多年创业过程中身先士卒，创新业务实践，不仅和广大投资商、供应商建立了广泛的联系，而且还积极服务行业协会、银行等各种社会团体，对产业发展有广阔的视角。

近期，党中央、国务院提出“加快形成以国内大循环为主体、国内国际双循环相互促进的新发展格局”的重要战略思想，在“双循环”背景下，中国企业如何可持续发展？纵观改革开放以来中国企业成长经历，借助产融结合实现增长，是一种较普遍的模式，尽管如此还有一些企业因为没有建立正确的价值导向，没有把握好产融结合的基本规律和方法，因经营不善而倒闭，给国家和社会带来了巨大的损失，还有一些企业惧怕产融结合，感觉难以驾驭而选择避而远之，错失了良好发展时机，我国产融结合发展不仅面临着此前发展中存在的问题，还将面临新的挑战。

我国企业集团如何既做大又做强，如何选择产融结合路径？如何评价产融结合效率？如何运用大数据的分析科学识别风险、防范风险？高金山博士的这本著作从定性和定量角度很好地分析回答了上述问题，不仅为企业历史问题排忧解难，而且为进入新时代，开拓企业新格局提出了可供借鉴的新思路和新方法，为企业集团规模化发展及实现生态圈资源优化配置，达到产融共生提供了有效的科学策略和建议。

该书有三大看点：一是基于作者亲身经历，指出企业如何通过运用产融结合理论，从产业链、生态链视角，实现产融共生、共促，推动企业规模化发展；二是从整个生态圈视角提出了对每个微观主体，产融结合及路径选择的科学评价方法，它不仅可以帮助企业实现风险识别与防范，而且还带来相关产业生态圈的重塑和价值创造；三是揭示了基于顾客价值创造，实体产业与金融产业之间跨领域价值网的高效合作新业态。

作者通过金风科技企业平台，在与供应商共成长的理念推动下，依据产融共生理念，提出了坚持“以融促产、以产定融、服务主业”的金风金融战略定位，指导金风产业金融布局，致力于将外部高质量资金引入风电产业链，降低产业链参与者融资成本，实现降本增效，促进经济社会绿色发展。通过产融模式创新，实现全产业链资金负债精益配置，使核心企业与上下游企业间建立紧密合作关系。作者通过一系列的实践活动，积累了企业产融结合促发展的宝贵经验，创办融资租赁公司，为集团上下游客户提供融资服务，建立企业集团国内外资金池，推行集团资金统一管理；组建供应链金融平台，为上游供应商提供订单融资、保理融资、数字化金融等一系列金融服务；引入中信、建信、国开金融等金融机构筹建风电产业基金，通过基金模式运作，整合行业资源，协助民营企业风电项目融资，扩大集团市场份额的同时解决民营企业融资难题；设立财务公司，获取金融牌照，实现了集团资金规范化、标准化、市场化运作。

希望高金山博士在新能源进入平价时代，在习近平总书记“3060 碳达峰与碳中和”的集结号的鼓舞下，通过绿电消费革命带动在供给侧改革、技术、体制机制改革突破方面，能有更新的积极探索，能继续跟踪研究企业集团产融结合最新动态，将新能源产业链产融创新实践和管理模式进行总结提炼并上升到理论层次，进而持续推进中国企业产融结合进程，充分发挥产业和金融资本的协同效应，优化新能源产业链产融生态。同时，也希望本书能够抛砖引玉，带动更多的企业集团领头人及高层管理人员探索产业金融协同发展，助力广大金融从业者将金融资本引入实体产业链，为我国经济“脱虚向实”建言献策。

新疆金风科技股份有限公司董事长
武钢

前　言

20 世纪 80 年代中期，我国颁布了《关于进一步推动横向经济联合若干问题的规定》和《关于组建和发展企业集团的几点意见》等一系列制度规定，将企业集团的多元化发展提升到了国家政策的高度，打开了我国大型实体企业走向金融业务多元化发展的大门。近年来，产融结合的实践取得了诸多进展，既有成功的经验，又有失败的教训。由此，产融结合的诸多理论与实践问题均亟待研究。例如，我国企业产融结合的发展现状如何？有哪些共性和特点？发展产融结合的优点和弊端有哪些？我国大型企业产融结合采用何种发展路径？如何科学评价企业产融结合发展的效率？本书正是在这样的背景下展开研究，从定性和定量的角度分析上述问题，为我国大型企业后续发展产融结合，最终使整个产业生态圈实现资源的优化配置，达到产融共生的状态提供科学的策略和建议。

本书重点探讨以下几个方面的内容：

第一，我国企业产融结合发展现状研究。本书选取了 2008—2018 年 300 个有代表性的“由产到融”上市公司样本，分别从公司数量、行业分布、参控股情况、企业性质（国有企业、民营企业）等多维度进行了统计分析，揭示我国大型企业产融结合的路径和组织模式。研究发现，我国大型企业产融结合的路径选择具有一定的规律性，从数量变化来看，呈逐年增加的态势；从组织模式的分布来看，银行、证券、财务公司和保险等是现阶段产融结合的重要模式；大部分实体企业选择以参股形式进入金融行业，国有企业多选择财务公司模式，民营企业多选择银行、证券、保险、期货模式；从行业分布的情况来看，在样本范围内几乎涉及了所有行业，而制造业、电力、煤气、水的生产和供应业以及批发和零售贸易等行业的比重更高。

第二，典型产融结合案例比较分析。本书挑选了海尔集团、三菱集团、德隆集团、GE 集团、华为公司 5 个国内外典型案例进行 SWOT 分析。分析表明，海尔集团的产融结合优势有国家政策支持、主业实力和金融资本优势互补，劣势主要为进军金融行业时间短、涉猎广、任务重、人才缺。三菱集团的产融结合优势主要有互相持股使得产融交流更加便利、通畅、透明；劣势主要有产融结合过于深入，放大了系统性风险。德隆集团产融结合优势主要有借助产融结合，抢占市场资源，劣势主要为没有通过融资链、债务链形成产业链提升价值链。GE 集团的优势主要有借助产融结合，实行快速资本扩张，劣势为金融危机后，美国证监会对金融类公司采取了更严苛的监管措施。综上所述，大型企业集团产融结合水平取决于产融结合模式与企业自身发展模式的耦合关系，产融结合对企业的发展既起到了促进作用，同时也会加大企业经营风险。

第三，我国大型企业产融共生效率评价。以某大型风电制造企业为例，构建了一套适合该企业产融共生效率的评价体系，包括整个产业生态圈、供应商、制造商、物流、运营商、核心企业上游供应商、核心企业主营业务板块、核心企业资金管理、核心企业实体部门、核心企业风险管理、核心企业下游运营商 11 个维度，56 项评价指标，并对该企业产融共生效率进行了实证分析。通过分析发现，影响该企业产融共生效率的因素包括：整个产业生态圈效率、各参与方效率、核心企业主营业务板块效率、核心企业实体部门效率、核心企业资金管理效率、核心企业风险管理效率，其中最主要的影响因素是核心企业资金管理效率。

第四，资金管理的效率评价和提升策略研究。本书提出一套基于现金日记账的大型企业产融结合资金管理有效性评价方法。为了提升资金管理有效性的可操作性，本书选择了公司规模、总资产利润率、固定资产、资产负债率、资产获现率、净资产收益率、银行负债情况、委托代理情况、管理层关系等影响因素，构造了多因素的有效现金持有水平预测模型，该方法有助于提升企业资金管理效率，进而提高产融共生效率。

第五，提出产融共生的三个阶段。“产融共生初级阶段”是指金融机构向多个客户提供综合性的融资方案的过程。“产融共生中级阶段”是指在“以核心企业为龙头的供应链体系”基础上升级为信用体系—生态体系。该阶段实现了全链条资金与负债的精益配置，通过信用体系促进提高全链条运营效率，使核心企业与上下游企业间建立敏捷合作关系。“产融共生高级阶段”是指通过跨条线、跨部门、跨区域的协同交流，实现政府、企业、行业协会等广泛联盟，最终搭建物联网和互联网相融合的产业生态圈和金融生态平台。

第六，我国大型企业产融结合组织模式选择与评价。本书通过选取 563 个“产融结合”上市企业作为样本，采用 C5.0 决策树算法建立了企业“产融结合”主导型组织模式和发展模式的决策规则，为未来我国企业集团选择产融结合模式提供了有效分析工具。

第七，产融共生视角下微观企业产融结合的战略选择路径及方法。提出产融共生视角下微观企业进行产融结合发展路径应坚持“以产定融”的发展战略，基于企业实体产业需求，坚持“以产定融、以融促产、产融结合、服务主业”的战略定位，充分发挥产业和金融资本的协同效应，实现各种生产要素的有效配置。

通过上述研究，本书提出一些新观点和研究方法供读者参考。

第一，基于产融结合理论，从产业链、生态链的视角，提出产融共生的概念。本书认为产融共生是微观主体进行产融结合的评价体系，是站在整个生态圈对每个微观主体的产融结合及路径选择进行科学评价，是在产融结合的基础上，通过机制创新、模式创新实现产业生态链的成长与优化。产融共生不是点对点的关系，而是跨条线、跨企业、跨区域的点对线、线对线、线对面、面对面的产业链和生态圈，各参与方不仅关注资金链和价值链，其关注点也从单一个体转移到整个生态圈。产融共生不局限于核心企业自我价值的提升，而是带来相关产业生态圈的重塑和价值创造，它是基于顾客价值创造和实体产业与金融产业之间跨领域价值网高效合作的新形态。

第二，在产融共生的效率评价上，本书提出了一套新的评价产融共生效率的多指标综合评价体系，从定量的角度考察一个企业是否达到了良性产融共生。基于现金日记账的方法，提出了大型企业产融结合资金管理有效性评价方法，构建产融共生效率的判断标准。

第三，本书提出了产融共生的阶段性特征与经验决策规则。本书运用相关多角化发展战略理论、规模经济理论、结构洞理论的基本原理，从宏观的角度评判经济社会中产业金融产融共生的状态，并将产融共生划分为“初级阶段”“中级阶段”“高级阶段”，各个阶段由低级到高级是一个不断演进、动态变化的过程。在阶段划分的基础上，采用决策树算法建立企业产融结合组织和发展模式的决策规则，为我国大型企业发展产融结合的组织模式和路径选择，提供了科学工具。

目录

图清单

表清单

第 1 章　导　论

1.1　选题背景与意义

20 世纪 80 年代中期，我国颁布了《关于进一步推动横向经济联合若干问题的规定》《关于组建和发展企业集团的几点意见》等一系列制度规定，将企业集团的多元化发展提升到了国家政策的高度，特别是一批股份制商业银行相继组建成立，我国企业产融结合迈出了实质性的一步，这打开了我国大型企业集团走向金融业务多元化发展的大门。近年来，社会各界对于产融结合的关注和研究络绎不绝，我国企业产融结合在不断探索发展的过程中积累了许多成功经验，例如海尔、新希望、中信等成功的企业案例，但同时也有一些惨痛教训，德隆系的崩溃就是其中之一。面对这些现象，党的十九大报告中提出要深化金融体制改革并确定了金融服务实体经济的大方针，此外国家也从加强金融监管角度干预和引导我国企业产融结合良性发展，试图使企业的产融结合达到产业和金融共生共荣的良性状态。现如今，我国企业产融结合的发展现状如何？有哪些共性和特点？发展产融结合的优点和弊端有哪些？我国大型企业产融结合采用何种发展路径？又当如何科学评价企业产融结合发展的效率？正是在这样的背景和思考下，本书从定性和定量角度展开研究并为上述问题找到依据和解决途径，为我国企业集团后续发展产融结合，使整个产业生态圈实现资源的优化配置，最终达到产融共生状态提供科学的策略和建议。

本书首先从我国大型企业集团产融结合的现状进行研究，从微观企业产融结合路径模式选择到整个产业链及生态圈产融共生状态进行探讨，扩充了产业经济学理论。其次，从组织生态学角度，本书重新定义实体产业与金融的关系并依据生物圈演化理论提出产融共生的三个阶段，即产融共生分为初级阶段、中级阶段和高级阶段，丰富了组织生态学理论。最后，本书将研究视角由微观企业的产融结合扩展到产业链及整个经济环境角度下的产融共生，这对中国产业可持续发展及实施“走出去”国际化战略具有重要意义，也为供给侧结构性改革及金融服务实体经济提供一种可操作、可落地的有效途径。综上所述，本书的研究意义主要体现在以下两方面：一是本书从中国企业集团产融结合微观机理视角研究推演到组织生态学角度下产业链资源配置，试图说明企业如何进行产融结合，如何推进产业生态圈资源配置优化并为我国企业达成产融共生状态提供一条可借鉴的发展思路，也为金融支持实体经济发展提供可行的方案。二是在应用价值方面，本书指出在达到产融共生状态后，企业不再是独立个体，而是产业生态圈的重要节点，各企业节点之间依靠生态圈进行跨组织高效协同，企业不仅是产品提供和被提供关系，也是服务提供和被提供关系，同时更重视资源在整个生态圈组织中的最优配置，使整个生态圈最终达到“帕累托最优”。

1.2 研究目标与内容

1.2.1 研究目标

改革开放后我国经济蓬勃发展，企业集团开始尝试进入金融领域，产融结合的步伐逐渐加快，这对主业发展起到了积极的支持与推动作用。改革开放初期，我国政府就颁布了一系列政策文件，鼓励企业开展产融结合，形式以财务公司为主。1992年，人民银行等部委正式下发《国家试点企业集团建立财务公司的实施办法》，这为我国企业产融结合的进一步发展奠定了基础，我国产融结合开始步入正轨。2003年中国加入世贸组织，我国产融结合呈现加速发展态势。华能、国电、中石油、宝钢等国企，海尔、新希望、联想等民营企业开始涉足银行、证券、保险、基金、信托等金融行业。但国际经济环境复杂多变，发达国家和发展中国家开始面临经济结构调整和发展模式转变的重大挑战，无论是西方国家还是亚洲国家，都在寻找新的突破和资本增值空间。在此环境下，微观企业集团如何科学地进行产融结合路径模式选择，再度引起社会关注和反思。无数国内外的实践表明，微观企业进行产融结合是历史的必然，但如何进行科学有效、多方占优的产融结合使整个产业生态圈实现资源的优化配置，这仍然需要动态深入研究。

为响应党的十九大报告精神，坚持金融服务实体经济的基本原则，本书探究在供给侧结构性改革的背景下，中国企业集团如何积极开展产融结合，最终达到产业生态圈资源最优配置的产融共生状态。中国人民银行原行长周小川在对党的十九大报告的解读中指出，“金融和实体经济是共生共荣的关系，服务实体经济是金融立业之本，也是防范金融风险的根本举措”。在主题为“从高速增长到高质量发展”的中国经济 50 人论坛 2018 年年会上，国家金融与发展实验室理事长李扬表示要正确认识“金融创新”与“产融结合”的关系。与此同时，中央提出供给侧结构性改革正是为产业与金融的进一步融合注入新动力。因此，当下迫切需要探究在供给侧结构性改革的背景下，中国企业集团如何实现多方占优的产融结合，如何进行产融共生效率评价，进而达成生态圈产融共生三阶段。

综上所述，本书的研究目标是为响应党的十九大号召，探索金融服务实体经济的有效途径，探究在供给侧结构性改革、金融监管趋严的背景下中国企业集团如何依靠合理的路径和模式选择开展科学有效的产融结合，通过效率评价体系不断优化融合并进一步实现整个产业链生态圈资源有效配置，最终达到产融共生。产融共生是微观主体进行产融结合的评价体系同时也是产业生态圈资源配置最优的状态，即是站在整个生态圈对每个微观主体的产融结合路径选择及水平进行科学评价。产融共生不再是点对点的关系，而是跨条线、跨企业、跨区域的点对线、线对线、线对面、面对面的产业链生态圈，各参与方不仅关注资金链，还关注价值链，关注点也从单一个体的资源优化转移到整个产业生态圈资源高效配置。

1.2.2 研究内容

本书通过发现问题、分析问题和解决问题的逻辑思路，从我国大型企业集团产融结合的现状研究入手，从组织生态学的角度，重新定义实体产业与金融的关系，探讨产业链效率评价体系及整个生态圈的产融共生状态并创造性地提出产融共生三个阶段，即初级、中级、高级阶段。本书具体研究内容如下：

（1）我国大型企业产融结合发展现状与典型案例分析。在发展现状方面，本书将研究视角放在“由产到融”的企业并选取了2008—2018年300个有代表性的“由产到融”上市公司样本，分别从公司数量、行业分布、参控股情况、企业性质（国有企业、民营企业）等多维度进行了描述统计分析，揭示我国大型企业产融结合的路径和组织模式。研究发现，我国大型企业产融结合的路径选择具有一定的规律性，从数量变化来看，呈逐年增加的态势；从组织模式的分布来看，银行、证券、财务公司和保险等是现阶段产融结合的重要模式；大部分实体企业选择以参股形式进入金融行业，国有企业多选择财务公司模式，民营企业多选择银行、证券、保险、期货模式；从行业分布的情况来看，在样本范围内几乎涉及了所有行业，而制造业、电力、煤气、水的生产和供应业以及批发和零售贸易等行业的比重更高。在典型产融结合案例比较分析方面，本书挑选了海尔集团、三菱集团、德隆集团、GE集团、华为公司5个国内外典型案例进行SWOT分析。分析表明，海尔集团的产融结合优势有国家政策支持、主业实力和金融资本优势互补，劣势主要为进军金融行业时间短、涉猎广、任务重、人才缺。三菱集团的产融结合优势主要有互相持股致使产融交流更加便利、通畅、透明；劣势主要为产融结合过于深入，放大了系统性风险。德隆集团产融结合优势主要为借助产融结合，抢占市场资源，劣势主要为没有通过融资链、债务链形成产业链提升价值链。GE集团的优势主要有借助产融结合，实行快速资本扩张，劣势为金融危机后，美国证监会对金融类公司采取了更严苛的监管措施。综上所述，大型企业集团产融结合水平取决于产融结合模式与企业自身发展模式的耦合关系，产融结合对企业的发展既起到了促进作用，同时也会加大企业经营风险。

（2）我国大型企业集团产融共生进程研究。以前文案例分析为基础，本书针对微观企业产融结合中可能存在的问题，从宏观、战略、业务等层面进行分类和分析，包括：产融结合在战略层面可能存在的问题；产融结合在相关性业务之间可能存在的问题；产融结合在整合过程中可能存在的问题；产融结合在管理层面上可能存在的问题；产融结合在经营控制权上可能存在的问题；产融结合在公司盈利上可能存在的问题。本书发现产融共生和产融结合的基本理论具有同源性。产融共生是微观主体进行产融结合的评价体系，是站在整个生态圈对每个微观主体的产融结合水平及路径选择进行科学评价。产融共生的进程一共分为三个阶段：产融共生初级阶段、产融共生中级阶段、产融共生高级阶段，本书分别给出了产融共生三个阶段的结构图和各阶段定义。

（3）我国大型企业集团产融共生效率评价研究。以某大型风电制造企业为例，本书通过分析 G 企业产融结合的具体特点，选择恰当的衡量指标，构建出一套适合于该企业产融共生效率的评价体系，通过发放调查问卷的形式，确定各个指标之间的相对权重，计算得到各要素的综合评价结果，最终得出对该企业产融共生效率的总体综合评价。通过分析发现，影响该企业产融共生效率的因素包括：产业生态圈效率、各参与方效率、核心企业主营业务板块效率、核心企业实体部门效率、核心企业资金管理效率、核心企业风险管理效率。其中，最主要的影响因素是核心企业资金管理效率。因此，本书从定量的角度分析我国大型企业产融结合的资金管理有效性问题，通过构造线性数量经济模型，研究公司规模、总资产利润率、固定资产、资产负债率、资产获现率、净资产收益率、银行负债情况、委托代理情况、管理层关系等因素对企业现金持有水平的影响，最终为企业现金流管理提供科学方法，进而为产融共生体系绩效评估提供科学合理的评价标准。

（4）我国大型企业集团产融共生组织模式选择与评价。本书主要通过选取563个“产融结合”上市企业作为样本，采用C5.0决策树算法建立了企业“产融结合”主导型组织模型和路径的决策规则，为我国企业集团后续选择产融结合组织模式，实现生态圈资源优化，达到产融共生的状态提供了有力的决策依据。

（5）我国大型企业集团产融共生发展战略研究。本书给出了产融共生视角下微观企业进行产融结合的战略选择路径及方法，指出产融共生视角下微观企业进行产融结合发展路径应坚持“以产定融”的发展战略，即基于企业实体产业需求配比金融资本并坚持“以产定融、以融促产、产融结合、服务主业”的战略定位，充分发挥产业和金融资本的协同效应，实现各种生产要素有效配置。

1.3　研究方法与技术路线

1.3.1　研究方法

本书在研究方法上，主要包括以下几点：

（1）本书应用SWOT分析法，挑选了海尔集团、三菱集团、德隆集团、GE集团、华为公司5个国内外典型案例进行分析。研究发现大型企业集团产融结合的优势包括：产业资本和金融资本互补，降低资金成本，提高资金有效性；为客户提供多样化的金融服务，抢占市场资源，实现范围经济，助力主业发展；借助金融创新，快速推进国际化进程。但是，中国企业产融结合也存在许多劣势：起步较晚，诸多先天不足；市场监管、企业制度尚不完善；面临国别风险、金融风险、经营风险、管理风险。因此，各大企业产融结合的效率存在较大差异。

（2）建立大型企业产融共生效率评价体系。以某大型风电制造企业为例，本书首先通过分析该企业产融结合的具体特点，选择恰当的衡量指标，构建出一套适合于该企业产融共生效率的评价体系，并对该企业产融共生效率进行了论证。

（3）本书基于现金日记账的方法，提出了一套对于大型企业产融结合资金管理有效性评价方法。为了提升资金管理有效性的可操作性，本书选择了公司规模、总资产利润率、固定资产、资产负债率、资产获现率、净资产收益率、银行负债情况、委托代理情况、管理层关系等影响因素，构造计量经济模型，对有效的现金持有水平进行了预测，该方法将对企业资金管理的效率提升，提供有效的帮助。

（4）本书通过选取563个“产融结合”上市企业作为样本，采用C5.0决策树算法建立了企业“产融结合”主导型组织模式和发展模式的决策规则，为未来我国企业集团后续选择产融结合模式提供了分析工具。

（5）提出产融共生视角下微观企业产融结合的战略选择路径及方法。本书提出产融共生视角下微观企业进行产融结合发展路径应坚持“以产定融”的发展战略，基于企业实体产业需求，坚持“以产定融、以融促产、产融结合、服务主业”的战略定位，充分发挥产业和金融资本的协同效应，实现各种生产要素有效配置。

1.3.2　技术路线

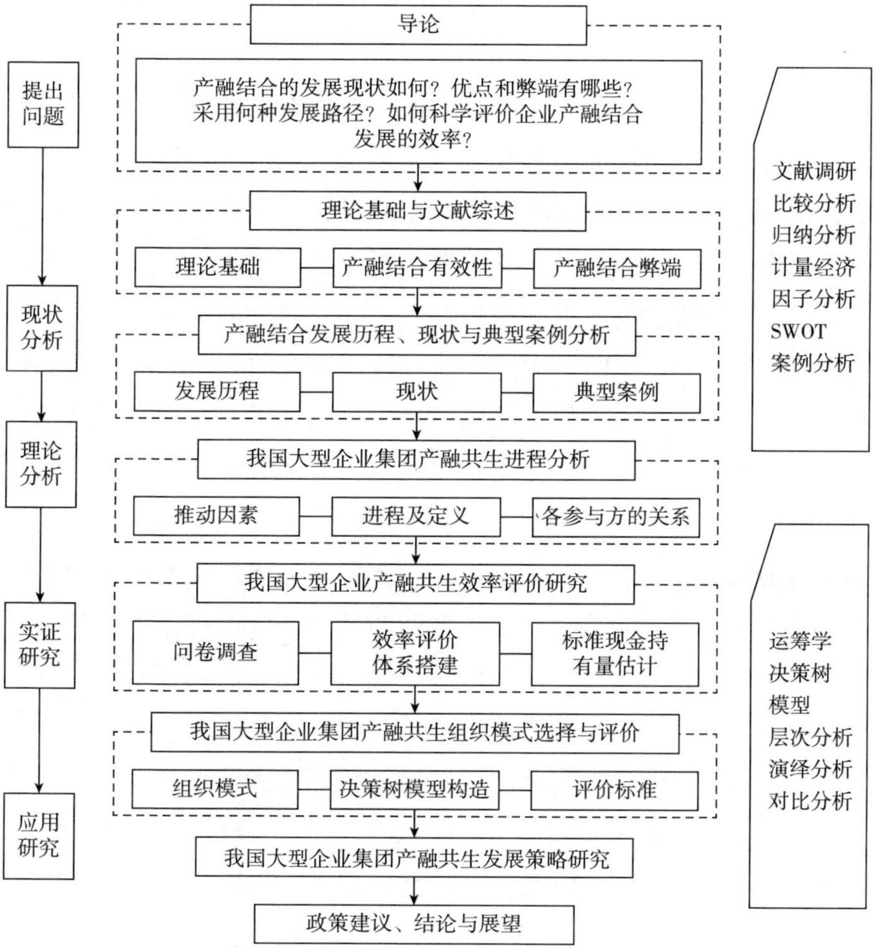

图 1.1　技术路线

1.4 主要创新点

本书的创新点主要有：

（1）基于产融结合理论，从产业链、生态链的视角，提出产融共生的概念。本书认为产融共生是微观主体进行产融结合的评价体系，是站在整个生态圈对每个微观主体的产融结合及路径选择进行科学评价，是在产融结合的基础上，通过机制创新、模式创新实现产业生态链的成长与优化。产融共生不是点对点的关系，而是跨条线、跨企业、跨区域的点对线、线对线、线对面、面对面的产业链和生态圈，各参与方不仅关注资金链和价值链，其关注点也从单一个体转移到整个生态圈，企业通过开展科学有效、多方占优、共生共荣的产融结合，最终达到整个生态圈的资源优化配置，即达到产融共生的状态。在产融共生系统中，金融活动成为核心企业价值链的重要环节，是企业核心价值提升的驱动力，同时将更多的相关主体纳入价值创造的过程，从而成为生态链价值提升的驱动因素。产融共生不局限于核心企业自我价值的提升，而是带来相关产业生态圈的重塑和价值创造，它是基于顾客价值创造和实体产业与金融产业之间跨领域价值网高效合作的新形态，关注如何创造合作价值，实现产融共生与共创，帮助组织在数字化时代获得成长。

（2）在产融共生的效率评价上，本书提出了一套新的评价产融共生效率的多指标综合评价体系，从定量的角度考察一个企业是否达到了良性产融共生。基于现金日记账的方法，提出了大型企业产融结合资金管理有效性评价方法，构建产融共生效率的判断标准。以我国某大型风电企业——G 企业为例，通过分析该企业产融结合的具体特点，选择恰当的衡量指标，构建一套适合该企业产融共生效率的评价体系，结合调查问卷，得出对该企业产融共生效率的总体综合评价。利用统计建模的方法，对产融共生企业的资金运行效率进行判断和评价，提出了产融共生效率的判断标准。从定量的角度考察一个企业是否达到了良性产融共生，是否使得资金的安全性、流动性和收益性得到充分考虑，达到“占优均衡”的状态。本书通过构造线性数量经济模型，实证研究公司规模、总资产利润率、固定资产、资产负债率、资产获现率、净资产收益率、银行负债情况、委托代理情况、管理层关系等因素对企业现金持有水平的影响。

（3）本书提出了产融共生的阶段性特征与经验决策规则。本书将产融共生划分为“初级阶段”“中级阶段”“高级阶段”。在产融共生的初级阶段，金融机构向多个客户提供融资方案；产融共生的中级阶段是在“以核心企业为龙头的供应链体系”基础上升级为信用体系—生态体系。产融共生高级阶段通过跨条线、跨部门、跨区域的协同交流，实现政府、企业、行业协会等广泛联盟，最终搭建物联网和互联网相融合的产业生态圈和金融生态平台。在阶段划分的基础上，本书采用决策树算法建立企业产融结合组织和发展模式的决策规则，为我国大型企业发展产融结合的组织模式和路径选择提供了科学工具。

第 2 章　理论基础与文献综述

本书从理论、有效性、风险和弊端等方面对产融结合的现有文献进行综述，为研究产融共生奠定了基础。

2.1　理论基础

2.1.1　产融结合内涵

从《资本论》的角度而言，本书认为无论是产业还是金融业，无非是生产资料组合方式不同，是资金存在形态发生了变化，二者并无本质差别。这一论断在《资本论》相关书籍中得到了有力支撑。拉法格（2005）指出产融结合内涵是工业与银行资本逐渐融合为金融资本，资本形态在融合中不断变化，认为金融资本的形成是工业资本扩张的结果。希法亭（2007）发展丰富了金融资本理论，他根据股份公司在促进工业资本与银行资本相互渗透中的作用，认为银行信用推动了工业垄断资本的形成，但工业垄断资本反过来又推动银行垄断资本壮大，利益关联最终使银行资本与工业资本紧密地联结为一体。在此基础上，一些学者认为金融资本的控制形式会随着全球市场经济的发展而变化，即经济的快速发展会将金融资本的所有权转移到实体产业手中，甚至提出了“金融资本的所有权和使用权可由不同的人控制”的经济革命理论，该理论认为企业管理人员会取代资本家控制金融资本。20 世纪 30 年代，许多大型企业开始涉足金融产业探索产融结合。这为学者们提供了研究新方向，他们基于企业的角度研究产业与金融在企业内部的融合。第二次世界大战后，日德两国经济快速发展，带动产融结合蓬勃发展，日本学者基于企业与银行制度的关系角度对产业金融一体化在日本的应用进行了研究，在当时的经济领域备受关注。20 世纪末，随着金融业不断深化发展，许多学者对产融结合进行了建模并加入资本市场等因素进行更为深入的研究。由上述可以看出，产融结合是市场经济发展到一定阶段的产物，单从词的意思上面看它是企业内部产业资本和企业外部金融资本的有机结合。最初金融资本指的是银行资本，随后发展为由银行资本为主导，证券、保险、基金、信托等协调发展的金融体系；产业资本是指除金融资本之外的企业实体。简而言之，产融结合是市场经济发展过程中，在利益驱动下产业资本与金融资本的整合与渗透的过程及形态。

2.1.2　产融结合动机分析

产融结合现象的动机呈多样化，为有效应对企业发展过程中的各类问题，不少学者对动机形成的原因进行了研究与分析。

（1）降低交易费用

产业和金融分处在经营过程中的不同端，由于经济利益的不同，致使两者在市场交易中面临着较高的交易费用。产业交易费用在经营过程中主要来源于融资行为，从融资周期来看主要包括融资前期的信息调查成本与金融机构的谈判和履约成本；正式融资阶段的融资成本及预计之外的沉默成本等。金融的交易费用主要来源于企业的还贷风险，包括但不限于企业因经营不善、恶意欺骗等未知因素带来的无法按期履约还贷的资金成本以及对企业经营、信用情况调研分析产生的费用等。

以银行为核心的产融一体化可降低交易费用。经研究证实，法国、德国和日本出现的产融结合的经营体系通过银行和企业的相互持股的模式可降低交易费用，提高企业的效益与综合竞争力。

借贷关系可有效降低交易费用。企业和金融机构的本质是一种以债权债务为纽带的资金借贷关系，当因借贷关系产生较高交易费用或产生较高的内部管理费用时，会推动企业和金融机构将借贷关系转向内部结合，进一步降低融资交易费用，促进金融市场的内部化发展。

多元化发展有助于降低交易费用。新兴国家企业集团为降低交易成本，在发展过程中都在不断地涉足银行等金融机构。我国也有学者研究认为，产融结合能够实现外在信贷、债权债务关系转化成两者内在的产权关系，可以有助于两者成为更为紧密的利益共同体，有助于更好地约束两者的机会主义行为，有利于降低甚至消除两者交易中的不确定性，并最终减少甚至消除上述两者之间的交易费用。

（2）消除信息不对称

在市场经济活动中，每个人掌握的信息都是有偏差的，从而各部门之间也会掌握不同的信息，造成了不同部门间的信息不对称。在产融结合中，金融企业的信息优势包括提供金融服务的能力、内容和质量，以及相关企业的资金运营状况等；产业企业的信息优势包括自身的运营状况、资金用途和投资风险等。面对两者所拥有信息量的差异，因此两者间存在信息上的不对称现象，此时企业与银行之间很容易产生由此带来的逆向选择、机会主义和道德风险。产融结合使金融企业和产业企业有机统一起来，形成稳定的治理机制，消除两者之间的信息不对称，减少沟通成本，达到成本领先。国外学者对此有不少研究，认为产融结合可以缓解信息不对称问题，企业通过掌握信息资源形成自身信息优势。我国学者也认识到产融结合对信息不对称的影响，认为产融结合能够促进企业与银行之间的相互了解、相互依赖与相互控制，从而最大限度地消除企业与银行之间的信息不对称。

（3）缓解融资约束

金融机构凭借自身的资本优势为企业发展提供充足的资金支持，致使融资约束成为催化企业与金融机构融合的一个重要动机。在发展中国家，银行可以有力支持实体企业进行产业扩张。我国学者将产融结合划分为初级、深度和战略融合三种形式，初级融合主要目的为拓宽融资渠道，突破资金瓶颈；深度融合主要目的为延伸企业价值链，拓宽利润来源；战略融合主要目的为实现产业转型。企业以产融结合的契机建立融资平台，一方面可强化企业资本实力与优势，突破自身资金积累的局限性，为企业扩张提供资金保障；另一方面可实现企业向银行、证券、保险、信托、基金、财务公司等金融机构的渗透与融合，借助金融机构更加便捷地归集各种社会资金，拓宽融资渠道，吸引金融人才，规范投资行为，降低企业资本的经营风险与财务风险。

我国战略性新兴产业融资约束尤为明显，此类产业的行业发展周期较短，企业较为年轻，其经营能力与发展前景未知性较大，吸资能力较弱；然而战略性新兴产业大多为高科技企业，资金需求量大，两方面因素相互制约，造成战略性新兴产业融资难，形成融资约束瓶颈。如产融结合运用至战略性新兴产业，企业将面临较低的融资约束，可以助力其获得更大的融资规模，有效促进战略性新兴产业的成长。

（4）优化资源配置

根据公司资源基础理论，不同企业的资源之间存在异质性，资源难以复制且不可流动，它是企业保持核心竞争力优势的动力源。目前，我国对金融行业的进入和退出有较高的准入要求，导致出现金融行业的垄断性及金融资源的稀缺性。实体产业可以以产融结合的形式进入金融行业从而获取金融资源，发挥金融资源的战略性作用，有效实现资源的优化配置及竞争优势。此外，金融行业的杠杆效应促使其成为一个高利润领域，吸引低利润行业不断向其转移，实现资本的优化配置与帕累托改进。经实证发现，传统行业如制造业、批发和零售业更倾向于进行产融结合，这与此类行业走向微利时代息息相关，企业为了追求利润最大化，更倾向于将多余资本投入高利润率的金融行业之中，促进企业更好地发展。

（5）实现协同效应

企业合并之后的整体效益大于并购之前作为单独两个企业的效益之和，即为协同效应。协同效应之所以可以应用在产融结合中，主要在于产业资本与金融资本融合后显现的互补性，鉴于两者处于不同行业，当产业资本收益下降时，金融资本收益可进行弥补，反之亦然。从协同效应角度可具体分为财务协同和管理协同。

财务协同主要是指可合理扩展避税途径，通过调控企业和金融的利润规模，探寻纳税的最优方案。管理协同主要是指在经营管理过程中，一方面通过产融结合对组织架构、费用管控等方面进行合理化配置，从而提高管理效能，实现降本增效；另一方面可有效利用金融的专业性和独特性，拓展业务范围，提高资金的营运质量和运作效率。

2.1.3 产融结合理论基础

（1）早期理论

产融结合理论最早来自马克思、恩格斯对金融资本的描述。在《资本论》中马克思剖析了追逐利润的最大化是资本主义生产的本质。这种追求利润最大化的本质使得资本在积累的过程中会驱使生产资料越来越同劳动者分离，生产资料的集中意味着资本和生产集中，集中起来的资本会更进一步继续快速集中壮大，一步步吞并中小资本来扩大自己企业的生产规模，推动市场由自由竞争走向垄断。由于股份公司的出现使得生产规模进一步扩大，在这一过程中，个别资本走向了消亡。银行信用的出现为大规模集中的企业提供了强大的经济来源。马克思围绕着资本集中这一核心，对股份公司的出现、银行信用作用的增强、银企关系的深化和资本主义由自由竞争走向垄断的必然性等进行了全面的阐述，为后来人们探索产业资本与金融资本打下了坚实的基础。

以马克思为代表的早期理论或者说对金融资本的论述，实际上就是产业资本和金融资本相结合的理论。经历了百余年的发展和经济的不断进步与成熟，这些理论深刻揭示了从自由竞争走向垄断背后的经济原因，对利润的本能追求和越发激烈的竞争，让工业资本和银行资本之间形成了密切的利益关联，并最终走向产融结合。依照现代的眼光来看，这些分析仍然是科学而有力的。

（2）近代理论

交易费用论。科斯在 1937 年《企业的性质》一文中提出“交易费用”（Transaction Costs）的概念，“交易费用理论”由此发源。交易费用是“利用价格机制的费用”或“利用市场的交换手段进行交易的费用”。以 Oliver Williamson（1985）为代表的交易费用经济学家则进一步明确了交易费用的范围是信息的搜寻、发布、讨价还价、谈判、签约、监督、合约执行和违约等带来的一切费用。在产融结合过程中，产业企业和金融企业具有不同的利益追求，但是两者的相似之处是都面临着交易费用。产业企业通过产融结合可以将金融资本转化为内部利息关系方，使双方在利益上保持趋同，降低了资金成本，大大增加了企业获得金融服务的便利性，提高了产业企业的融资效率，同时也加深了产融双方的联系，减少了双方发生机会主义行为发生的可能性。

信息不对称理论。非对称信息是由美国经济学家在1970年提出的，是指在市场经济活动中，不同的信息被市场中不同的人群掌握，掌握信息的多少决定着人们在市场经济中的优劣地位。金融企业的信息优势包括提供金融服务的能力、内容和质量，以及相关企业的资金运营状况等，产业企业的信息优势包括自身的运营状况、资金用途和投资风险等。这种信息的不对称性，使产业企业和金融企业之间很容易产生逆向选择、机会主义和道德风险等问题。通过产融结合，产业企业和金融企业形成了稳定的治理机制，实现了“内部化”，大大减少沟通成本、增加信息共享程度，减少信息不对称，减少逆向选择、机会主义和道德风险等问题的发生。

资源基础理论。资源基础理论起源于1984年沃纳菲尔特《企业资源基础理论》一文，文中指出企业具有独特的资源，包括无形资源和有形资源，这些资源可转变成具有特异性的资源，并且这些资源是其他企业难以复制的；这些独特的资源与能力是企业持久竞争优势的源泉。杰伊·巴尼在《企业资源与持续竞争优势》中进一步指出，并非企业所有的资源都能为其带来持续竞争优势，能给企业带来持续竞争优势的资源具备以下特征：①该资源是有价值的，这一资源可以给企业带来经济上、竞争上的优势；②该资源在企业当前和潜在的竞争中是稀缺的；③该资源是不可完全模仿的；④该资源不存在战略上的等价替代物，即它的替代物虽然具有同样的价值但却是稀缺的和不可模仿的。金融企业所有拥护的在资金供应方面的资源证实上述所指的“独特资源”。首先，金融企业可以为产业企业提供资金支持，缓解流动性风险，提升产业企业的产能，使产业企业获得发展壮大的资金支持，这种资源是有价值的。其次，金融行业的准入门槛高，监管严格，在资本实力、人员素质等方面具有严苛的准入条件，因此金融企业资源是一种稀缺资源。再次，金融企业的成立常常受到独特的历史条件的影响，改革开放后我国颁布了《关于中国人民银行专门行使中央银行职能的决定》（1983），形成了以中央银行为核心，以专业银行为主体的银行体系，1993 年《国务院关于金融体制改革的决定》的出台，则标志着我国以国有商业银行为主体、多种金融机构并存的金融组织体系，这种独特的历史路径使得我国的金融机构获得了稀缺价值资源；此外，金融企业有着区别于产业企业的企业文化、专业领域、复杂的管理系统，这些专业且复杂的特点意味着金融企业难以被其他行业所替代和模仿，这些都使得金融机构难以被其他类型的企业所模仿，是一种不可完全模仿性的资源。最后，金融企业主要以货币资金为产品，为客户提供支资金的存取、结算、融通、投资和风险的防范服务，并以此为基础形成独特的自身优势，这种优势在战略上是不可被替代的。因此可以看出金融企业所拥有的企业资源具有异质性和不可流动性，产业企业通过产融结合可以进入金融行业获取稀缺资源，发挥金融资源的战略性作用，利用金融企业的专业技术和人才获得管理协同效应，有效地实现资源的优化配置并在市场中获得持续性竞争优势。

（3）现代理论

产融结合在我国的研究起步较晚，但是借助外国学者的研究，近几年我国也涌现出很多新的研究成果。孟建、刘志新（2010）从马克思等人的“金融资本”理论出发，从资本循环中研究产融结合，认为产融结合的资本循环过程是流通过程、生产过程和虚拟增值过程的统一，能够帮助企业实现双向增值，相较于单纯的金融资本运作更有竞争力，并以 GE 公司为例对其观点进行了验证。王秀丽（2015）从社会学角度出发，通过研究不同社会群体之间的跨界关系，对产融结合进行探讨，认为产业企业和金融企业的结合可以使双方之间减少信息不对称，缩短沟通成本，增加互相信任，建立更广泛的社会关系，从而增强自身的市场竞争力。

2.2 文献综述

2.2.1 产融结合的有效性

现代产融结合理论从三个维度进行解释：工业企业后发优势逐渐增强、借贷信息不对称减弱、交易成本降低。换言之，有效的产融结合要么增加了资本的安全性，要么牺牲部分安全性以使得资本流动性和收益性有所提升。格申克龙（2007）指出产融结合是促进资本不足、经济落后的发展中国家进行工业资本积累的有效机制，后发展国家应鼓励产业与金融资本结合，加速资本积累。霍利斯（1987）指出欠发达的资本市场导致银行和潜在借款人之间信息不对称，因此要想提高资本流动性并获取更高收益，就必须增加系统内各个环节的透明度，降低信息不对称水平，使得资本市场高效流通。金德尔伯格（1991）指出西欧经济主要得益于产融结合所产生的后发优势，这一优势体现在资本高效流通所带来的收益提高。青木昌彦和奥野正宽（1998、1999）指出由于日本特殊的银行金融制度，企业通过与银行合作改善公司治理结构，以产生结合效应。

近几年，有些学者研究微观行业、企业层面的产融结合。一部分学者主要研究产融结合对公司运营效率的影响。Frierson（1999）实证指出美银控股进行产融结合相比于仅经营银行业能得到较好的收益，使得资本有效增值。Gaver和Pottier（2005）通过分析发现工业企业控股金融公司可以降低费用，提高风险防控能力。Hirtle（2006）的研究表明产融结合的公司业绩具有强关联性，例如控股公司通过经营证券子公司进而增强其资本安全并分散风险。Chiou（2009）、Lai（2017）的台湾金控集团绩效实证研究表明产融结合存在规模经济效应，既能有效规避风险，又能带来较好的收益。Lo 和 Lu（2009）运用DEA模型发现台湾金控集团运营中存在规模、范围经济效应，这增强了集团的资本收益，并使得产业链上下游企业都获得了较好的收益，形成了良性产业链生态圈。An P 等（2017）利用双模型异构网络研究了上市公司控股非上市金融公司的发展情况。Cuong K 等（2018）研究表明进行多元化产融结合的企业，能够降低企业的流动性风险，使费用内部化。Schoenmaker 和 Veron（2017）的研究也支持了产融结合具有“双峰效应”。

还有学者对产融结合企业集团的经济效应、运营绩效展开研究。Curi 和 Murgia（2018）、Lawrence 等（2010）发现企业集团介入金融业可以弥补不完善的金融服务，从而增加资本的收益性。Gajewski（2013）研究了产融结合企业税收情况，表明进行产融结合的企业可以通过费用内部化等形式，降低税收。Shen 和 Chang（2012）发现进行产融结合的企业绩效优于单独的金融公司，这是因为资本的风险得到了有效规避，同时增加资本的安全性、流动性和收益性。Yen 等（2015）运用DEA和Malmquist指数对中国台湾的产融结合企业进行了效率动态评价，结果表明企业进行产融结合能够降低其交易成本和经营风险，增加资本的安全性、流动性和收益性。其他认为产融结合能够提高企业集团的经济效应和运营绩效的文献还有 Daly 和 Frikha（2017），Franzoni（2016）。

关于产融结合能否有效地提高资本的安全性、流动性和收益性，国外学者还没有达成一致。其实，产融结合与资本“三性”的提高主要受三方面因素影响：①企业微观层面运营；②受制资本市场发展程度、法律体系健全程度、政府态度；③产融结合中企业选择的组织和管控模式。Taylor 和 Smits（2017）研究了肯尼亚、尼日利亚和南非等几个国家的制度监管对产融结合的影响，发现良好的监管能促进产融结合良性发展。Hummer（2011）、Gouvin（2011）、Deng

和 Zhang（2010）分别在对美国和中国企业的研究中也得到了类似结论。Dickens 和 Hunsade（2011）研究了金融危机之后，美国金融监管政策的变动对企业产融结合的影响。Tian 和 Qiu（2013）同样通过对中国台湾产融结合的企业制度约束进行了研究，得出了相同的结论。Hirtle（2014）发现在金融危机期间，进行产融结合的企业面临较大的金融风险和业务关联性风险。Doran 和 Schappe（2014）对产融结合公司的员工忠诚度与工资平等性进行研究，发现二者存在正向相关性。Li（2006）、Tegshee（2015）研究了中国不同类型的企业在产融结合组织模式的选择上的差异。Cheng 等（2009）发现采用多元化产融结合组织模式的企业，能更有效地降低风险。其他与产融结合的监管制度、组织模式、市场特征等相关的文献还有 Matvos 等（2018）、Gortsos（2017）、Ting（2017）、Bodnaruk 和 Rossi（2016）、Cole 和 Karl（2016）。综上所述，资本市场越发达、法律体系越完善，产融结合的运作越透明，产融结合后资本的安全性、流动性和收益性的提升越高。

近年来，中国的学者以中国企业产融结合的探索成果为依据，对产融结合在中国的发展研究也取得了一定成果。傅艳（2003）、王勇（2005）、孙莉娜（2011）、赵文广（2012）、张春海（2017）、黎文靖和李茫茫（2017）、冯保国（2017）、刘亮和朱慧敏（2018）、严洪（2018）认为金融在很大程度上是正向影响实体经济的，有利于资源优化配置，提高了企业资本的安全性、流动性和收益性，从而增强了企业的综合竞争力。宏观层的研究主要有，刘昌菊和茶洪旺（2018）依据柯布道格拉斯生产函数，构造了中国区域产融结合效率分析模型，对中国 31 个省市自治区的产融结合效率进行了分析，得出中国产融结合发展整体水平低，只有极少数省市的效率较高，区域产融结合发展极不协调。支燕和吴河北（2010，2011）发现我国进行产融结合的高技术产业整体效率水平偏低，企业经营业绩等因素是关系到产融结合后能否提升资本安全性、流动性和收益性的主要因素。谢杭生（2000）、张庆亮和杨莲娜（2005）论述了产融结合的必要性、意义、可行选择，认为产融结合是资本集聚，提高流动性的有效方式。黄明（2000）则认为产融结合在中国是制度创新与制度安排的结果。王莉等（2010）认为产融结合是市场经济发展的产物。庄仲乔和郭立宏（2019）、王广宇（2017）、张鹏（2017）呼吁提高产融结合的效率，指出产融结合不仅是产业发展的需要，也是深化供给侧结构性改革的需要。杜传忠等（2014）指出被参股金融机构类型及参股比例对工业企业产融结合效率影响显著，为此应进一步健全有关法律法规，提高结合程度。刘丽萍（2017）认为应创新融资模式，进一步发展产融结合。庄仲乔（2019）通过建立银企之间的信息传导博弈模型，选取 2000—2017 年所有纺织业 A 股上市公司数据进行实证分析。研究结果表明，产融结合对企业创新能力的提升具有正面影响，也解释了产融结合如何缓解企业融资约束，从而获得金融机构资金支持，增加企业研发投入，提高企业创新能力，最终助推传统工业整体转型升级。王超恩等（2016）、张春海（2017）以中国制造业上市公司的财务数据为样本，吴春雷和张新民（2018）以 2009—2016 年我国非金融类实体产业 A 股上市公司为样本，进行了实证检验，均得到了类似的结论。马红等（2018）认为产融结合能够改善企业投融资期限错配现象。万良勇等（2015）基于参股银行的上市公司研究指出产融结合对于提升企业经营绩效和优化金融资源配置具有重要意义。马红和王元月（2017）对中国企业进行产融结合的研究表明：参股金融机构能够促进我国企业成长，具体效果与持股比例有关。蔺元（2010）研究发现实施产融结合的上市公司具有更高的成长能力。杨竹清（2018）利用 KMV 模型研究企业融合对信用风险的影响，表明企业产融结合可以显著降低信用风险，二者间存在一定的“正 U 形”关系。韩丹和王磊（2016）指出产融结合可以提高上市公司投资效率。贾吉明和夏庆宇（2017）将企业利润分为经营活动利润与金融活动收益，对实体企业参股金融业的利润结构质量进行了分析。李蕾和韩立岩（2014）采用工具变量法与面板固定效应模型方法，发现机构投资者大幅提升公司绩效，能够对提升资本的安全性、流动性和收益性起到决定性作用，境外机构投资者仅扮演“价值投资者”角色。李天钰等（2018）的研究表明，产融结合能够提高实业类上市公司的抗风险能力。王爱东和李果（2017）利用超效率DEA模型从不同的行业角度，研究中国产融结合的情况。其他人如王新宇（2011）、祝继高（2012）、邢天添（2016，2017）、唐婧清等（2017）、刘凡（2017）、姜增明等（2018）、郭水文（2018）、李茫茫（2018）、陆岷峰和葛和平（2018）、谭小芳（2016）等人进行深入研究，分别从宏观经济、中国制造业、租赁产业等产业和上市公司、国有企业、中国实业、中国农业等视角入手进行理论和实证分析。

在产融结合如何发挥二者的协同效应方面，我国学者结论各有不同。穆林娟和张红（2008）发现机构投资者对产业资本具有积极意义，能够改善公司治理结构，提升安全性、流动性和收益性。许菲等（2018）以2012—2016年沪深两市公布的产融结合房地产上市公司为样本，采用DEA-CCR模型从投入和产出两个方面测定产融结合效率值，并从外部环境和内部结合两方面分析了影响我国房地产上市公司产融结合运营效率的因素，发现房地产产融结合效率不明显，没有达到实质性的协同效应。盛安琪等（2018）以制造业企业财务数据为样本进行研究，表明产融结合能够发挥协同效应，提高企业竞争力，尤以民营企业更为显著，类似的研究还有盛明泉等（2018）。王秀丽等（2017）研究了产融结合、内部资本市场与融资约束的关系。马永斌和闫佳（2017）将产融结合机制分为缓解融资约束与增进协同效应，发现增进协同效应是产融结合促进制造业企业转型升级的关键。武耀华（2017）、周卉和谭跃（2018）、郭水文（2018）、罗兴和朱乾宇（2016）、丁波和姚舜达（2016）、谭小芳等（2016）的研究均得出了相似的结论。

在产融结合的模式选择上，饶华春（2002）在研究日本、美国、德国的基础上，归纳中国产融结合模式，指出主办银行是推进产融结合的可行方式。武传德和刘鸽（2018）认为财务公司是产融结合的最佳载体。陈成和刘聪（2017）认为产融结合是保险资金股权投资的未来发展趋势，并对保险的产融结合策略进行了相应分析。张迪（2017）以国有背景财务公司为例，探讨了产融结合的国企如何进行混改的问题。王耀丹（2018）以华润集团为例，郭水文（2018）以国家电网为例，秦国楼和张娟（2017）都是以 GE 为例，蔡强等（2017）以 GE、联想控股为例，均得到了类似结论，即各企业应根据自身特点理性选择产融结合模式。赵通和任保平（2018）认为在“由产而融”的路径上应选择以政府为主导壮大大型企业的产融结合模式；而在“由融到产”的路径上应选择以市场为主导助力中小企业发展的产融结合模式。邓楠（2017）认为“由融到产”模式有助于提高非国有上市公司的融资水平。刘超和祝琨璘（2016）认为以网络组织为基础的产融结合是一种有效的产融结合组织形式。张建刚等（2018）、周游（2017）认为微观企业应符合国家宏观调控标准，选择相应的产融结合模式。类似地，汪建坤和邓艳梅（2001）提出中国产融结合模式应该与经济发展阶段相适应。王波等（2018）研究韩国产融结合情况，认为我国可借鉴韩国政府主导的“中心—外围”的产融结合模式。臧玉荣（2015）系统比较了西方国家产融结合，对国有资本产融结合情况进行了系统研究，并从完善监管制度、加强风险防范、选择合理路径等方面提出建议。王克馨（2015）对产融结合的模式选择也进行了探讨。贾吉明和夏庆宇（2017）探讨了参股保险的产融结合模式。王秀丽和张龙天（2017）

对产融结合发生风险时的退出机制进行了研究。韩民和高戌煦（2016，2017）对供应链金融及银行型产融结合模式进行了分析。

2.2.2 产融结合的弊端与风险

（1）产融结合的弊端

Li 和 Greenwood（2004）研究发现产业型企业结合保险后没有产生很好的协同效应，没有明显提升资本的安全性、流动性和收益性。Kleinow 等（2017）认为产融结合是导致拉丁美洲系统性风险爆发的因素之一。Dontis 等（2016）、Lubben 和 Wilmarth（2016）、Kuppuswamy 和 Villalonga（2016）同样认为产融结合加大了资本的风险。Ly 等（2018）研究表明，在母公司层面上美国多银行控股公司（MBHCs）的破产风险低于单一银行控股公司（SBHCs），但在子公司层面上其破产风险明显高于后者。同时，研究指出政府在产融结合监管方面具有重要性。

刘锡良等（2015）研究指出产融结合下金融资本与真实资本比率的提高与经济增长呈现出负相关关系。李维安和马超（2014）考察上市公司控股金融机构对于企业投资效率的影响，指出企业控股金融机构增加了企业的投资过度，降低了企业的投资效率。类似的研究有胡彦鑫等（2019），其通过选择我国非金融类上市公司的经验数据，实证分析上市公司产融结合对投资效率的影响。他发现，上市公司持股金融机构的家数和金额越大越能够有效缓解投资不足，但也加剧了投资过度；相较于持股其他金融机构和非上市金融机构，持股银行或财务公司以及持股上市金融机构能够更好地缓解投资不足，同时加剧投资过度。杨竹清（2018）认为产融结合降低了企业绩效。王秀丽和张龙天（2017）对企业产融结合的退出效应进行了分析研究，表明有些企业，例如每股收益偏低、资产负债率偏高的企业，并不适合产融结合。张龙天（2018）指出产融结合会增加企业的经营风险。秦国楼和张娟（2017）、朱玲（2013）、姜燕（2007）都以通用电气为例研究了产融结合的利弊。闫海洲和陈百助（2018）评估产融结合公司持有风险金融资产的市场价值，得出产业部门公司持有风险金融资产损害股票回报。张慧智等（2016）分别研究了美、英、澳、韩四国的产融结合监管模式，郑联盛等（2017）研究了国外政府产业引导基金模式。李健英等（2016）研究了抗战时期产融结合弱势的原因。孙源（2012）以2006—2010年持续对某一个或多个金融机构参股的非金融类上市公司作为研究样本，建立Altman Z值计分模型等多个模型，表明企业产融结合效果不佳，风险诸多，建议实行统一监管机制。王旸（2013）认为目前我国产融结合加大金融风险，应建立以央行为主、各监管机构为辅的风险监测预警系统。类似的研究还有鲁政委和陈昊（2018）、胥爱欢和李红燕（2018）、张倩（2017）、钱东平（2017）。张晓莉和李倩云（2018）利用货币国际地位指标研究22个主要国家或地区货币情况，认为人民币国际地位的提升有助于产融结合，同时能够规避风险推进国际化发展。王帅（2013）发现参股金融企业集团规模经济系数多大于1，能够很好地实现规模经济效应。

（2）产融结合的风险

产融结合过程中，处处存在风险，任何一个产融结合失败的企业，往往都是因为在运作过程中没有较好地识别风险、度量风险，把控风险所致。无法正确把握好资金的“安全性、流动性、收益性”，使得正三角形的三边不相等，企业效益无法达到最优化，过度产融结合甚至会导致企业倒闭。

学者对金融控股公司市场风险展开研究，其中权益市场是风险来源之一。Laeven等（2014）指出金融控股公司风险现状受有价证券影响。Brailsford等（2006）金融控股集团的重要风险来源之一是外汇市场波动。Hashemi 等（1998）通过实证研究，发现信用风险是主要风险之一，甚至会导致金融机构破产。Drehmann 等（2010）认为金融控股集团涉及多个领域，各领域风险叠加会放大运营风险，2008 年的次贷危机即是佐证。同样，为防范风险，提高企业资本的安全性、流动性和收益性，加强金融控股集团监管也成为学者研究重点。Ojo（2010）实证研究指出金融控股集团的监管应在防风险和发挥资本安全、流动、收益性间取得动态平衡。

产融结合不仅能带来企业资本安全性、流动性和收益性的提升，还会产生复杂的新型风险，更具隐蔽性、系统性，容易在产业和金融业之间传导。

非金融类上市公司产融结合所产生的关联业务一方面降低了公司运营成本，但另一方面会增加潜在经营风险。张龙天（2017）指出产融结合存在经营性风险，与其所处的制度环境负相关。曲昭光和陈春林（2017）指出产融结合具有传染性风险，通过构建向量自回归（VAR）模型发现选择银行和证券为组织模式的企业传染性高，保险和证券模式的传染性小。文柯（2012）通过 Logistic 回归构建企业产融结合风险预警模型并指出产融结合在为企业带来协同效应的同时，也容易引发利益冲突、财务断链、风险传染等一系列风险。研究学者还有高丽（2016）、张胜达和刘纯彬（2016）、钱东平（2017）、王克馨和李宏（2015）等提出产融结合风险管理建议。

第 3 章　金融监管与产融结合发展历程

3.1　金融监管的含义及理论基础

3.1.1　金融监管的含义

金融监管主要指国家或地区的央行及金融监管机构根据法律赋予的职责对金融行业进行监督管理，也包含金融机构自律管理、行业协会自律管理、社会中介机构的监督管理等。为实现金融监管，各国相应建立金融监管体系，通过体系机制和组织架构来对某一社会经济目标及活动施加影响。随着金融市场的迅速发展，金融业创新层出不穷，金融监管也逐步趋向于多样化，目前对于金融监管可以从监管目标、被监管主体和模式三个维度进行划分。根据监管目标，金融监管可以分为自律性、安全导向、效率导向、安全与效率权衡型；根据被监管主体，金融监管可以重点面向金融市场和金融机构；对于监管模式，可以将金融监管划分为统一型、功能型、多头型。在经济发展的不同阶段，监管机构的侧重点会存在一定的区别。

3.1.2 金融监管理论基础

金融监管存在的根本原因是存在市场失灵，市场不是全能的，本身也存在无法克服的缺陷，主要表现在信息不对称、外部效应、道德风险、自然垄断等。

信息不对称。信息不对称指市场经济的参与主体无法获取市场的全部信息，市场交易双方获取的信息量不同，存在参与交易一方掌握对方不知情的信息。在现实的经济活动中，信息不对称是普遍存在的。信息较多的交易者掌握优势进而获利，这会引起市场资源配置失衡，降低市场经济效率，例如内幕交易。为解决上述问题，政府通过金融监管强化信息披露制度，保护投资人和相关方利益，一定程度上解决了信息不对称问题。

外部效应。从经济学角度解读外部效应，即在市场有效的前提下，市场中交易双方的交易行为会对市场之外的其他主体产生正面或者负面的影响。所以说，虽然双方没有直接交易行为，但经济中某一主体对资源的使用会影响其他主体对于该资源使用的收益和成本，外部效应体现了资源配置的不合理。因为金融机构与同业、企业及公众之间存在大量的债权债务关系，其经营行为具备很强的外部性特征，有正向也有负向外部性。金融机构外部性有两种，其一是由于金融机构之间复杂的债权债务关系所引起的，经营正常的金融机构很可能因为存在较强关联关系的其他金融机构倒闭而受到波及，难以独善其身。其二是个别金融机构经营不善倒闭，公众对金融市场失去信心，引发严重的挤兑现象，这种外部性是由于信息不充分引起的，很可能会影响整个行业。为避免外部性及金融危机，尽可能减少损失，监管当局有必要对金融机构实施有效监管，弥补市场失灵。

道德风险。现代金融机构发展迅猛，体量和规模也越来越庞大，其破产倒闭会对政治、经济、社会造成不可估量的负面影响及损失，所以各国政府通常会采取兜底措施，及时对金融机构进行救助，防止金融机构破产导致安全问题。上述政府行为会引起金融机构的道德风险，所以管理当局对大型金融机构进行严格的监督是非常必要的。

自然垄断。垄断指少数资本为了共同控制某个或若干部门的生产、销售和经营活动，以获取高额垄断利润而实行的一种联合。垄断企业破坏了市场自由竞争机制，占据社会绝大部分资源，导致资源分配不均，阻碍经济可持续发展。在混业经营模式下，非金融企业控股参股银行或其他非银金融机构进而形成金融产业集团联合体。这类联合体加剧了行业的市场集中度，变相形成垄断竞争，弱化市场竞争的公平公正。此时，市场环境中的同行业企业已无法同垄断企业进行抗衡，监管当局只有通过监管政策对垄断企业实施拆分，清除垄断力量所设置的市场障碍。

3.2　国内外金融监管变革

3.2.1　美国金融监管变革

（1）美国的金融监管机构与金融机构

美国金融监管机构主要分为银行业、证券期货业、保险业三大类。银行业监管机构包括货币监理署（OCC），负责监管国民银行；联邦储备（FED），负责制定货币政策，对下属银行等进行监管；联邦存款保险公司（FDIC ），主要为储户提供存款保险机制；联邦金融机构检查委员会（FFIEC），主要是官方多方协调组织，为金融监管提供建议与意见。美国证券期货监管机构包括财政部，主要监管债券市场；市政债券决策委员会（MSRB）主要发布监管法规；证券交易委员会（SEC）监督管理美国股票的发行与交易；全美证券交易商协会（NASD）主要负责纳斯达克市场和场外市场监管；商品期货交易委员会（CFTC）对全美期货期权市场进行监管。美国保险业主要由州保险监管局进行监管，美国保险监管协会（NAIL）协助州保险监管局开展监管检查工作。

美国金融机构主要分为银行类和非银行类。银行类主要包括储蓄银行、商业银行、信用合作社；非银行类包括投资银行、保险机构、基金公司与其他金融服务机构。

（2）美国金融监管发展阶段

大萧条后的60年里，美国金融体制经历了一系列的变迁，其间美国政府严格推进分业监管模式，并应运而生新的金融监管法案和金融体制。

大萧条前的自律型监管时代。1930年以前，美国金融市场崇尚自由主义，监管制度与体系处于初始萌芽阶段，金融监管职能不健全。这是一个野蛮发展时代，几乎没有法律法规能够及时规范金融行业的发展，金融机构仅施行自律监管。这也是导致20世纪30年代金融危机的诱发因素之一。

大萧条后的严格监管时代。20世纪30年代的大萧条，促使美国金融市场进入严监管时期，标志事件是政府颁布了《格拉斯—斯蒂格尔法》（Glass-Steagall Act），目的是巩固金融业分业经营体制并进一步加强监管。20世纪50年代，美国金融创新如雨后春笋，愈演愈烈，银行控股公司就是在这一阶段应运而生。银行控股公司意味着金融业已经突破分业经营管制，向混业经营迈进。1956年，美国针对银行控股公司颁布了《银行控股公司法》，主要是为了约束其过度发展进而引起金融风险，但该法案并没有明确限制单一银行控股公司，这导致单一银行控股公司取得迅速发展，短期发展到了 400 多家，其业务经营范围更为广泛，基本没有任何约束。1970 年，美国国会通过《银行控股公司修正法案》，迫使单一控股公司业务降低至原业务量的 20%，但银行控股公司仍可不受限经营保险与不动产金融等业务，这在实质上打破《格拉斯—斯蒂格尔法》约束。

20 世纪 80 至 90 年代的放松监管阶段。银行控股公司的创新发展，已严重影响监管体系的安全性和稳定性，特别是 20 世纪 80 年代以后，美国的监管改革迫在眉睫。由此，监管当局陆续通过《金融体制现代化：使银行更安全、更具竞争力的建议》《放松管制和货币管理法》《1994 年跨州银行法》。

21 世纪审慎监管时代。1999 年，美国政府推出《金融服务现代化法》，该法案正式标志着美国金融业由分业经营时代过渡到金融混业经营时代。总体上看，美国银行控股公司到金融控股公司的发展变革映射了美国金融体制的变革。

3.2.2　日本金融监管变革

第二次世界大战后，日本金融监管施行严格的分业监管，除了银行业务和证券、信托、期货业务严格分离外，还实施金融业务范围和地域范围的限制。直到 20 世纪 80 年代，受金融自由化思潮影响，日本分业监管体制受到动摇。随后 1992 年，日本通过《金融制度改革法》，允许大型企业通过子公司形式经营银行、证券、期货、信托等业务，这标志着日本金融业逐步过渡到部分混业经营模式。在金融监管层面，1998 年日本设立金融监督厅统筹金融监管。1998 年，《禁止垄断法》出台，该法案允许企业设立不构成经济力量过度集中的控股公司，日本金融子公司混业经营合法化。1997 年日本颁布《由控股公司解禁所产生的有关金融诸法整备之法案》，整备法允许金融机构设立银行、保险、证券控股公司并可以混业经营。2000年，日本第一劝业银行、富士银行和兴业银行组建金融控股公司，即瑞穗金融企业集团，并且索尼公司等非金融企业也提出了进入银行业。2002年，为遏制非金融企业涉足银行业趋势，维护金融业健全和安全，日本开始出台限制银行股持股政策。同期《银行法》规定法人或个人持有超过银行或银行控股公司20%以上股份需获得金融厅长官的前置审批；《禁止垄断法》规定企业如果因持其他企业（含金融机构股份），而导致行业垄断或限制市场自由竞争的情况，监管机构有权不予批准。日本产融分离的最终目的是保证市场公平竞争，规避形成大型金融实业集团。

3.2.3 其他国家金融监管

德国银行法规定企业或者个人如果持有具有表决权银行股超过10%时先要取得德国联邦银行及其监管厅的事前审批。德国的体制属于全能型银行体制，主要表现为银行与其持股的企业之间通过董事会建立联系，是典型的混业经营模式，银行不仅掌握金融资源，还直接掌握生产资料，实业企业也通过资本参与到银行业中，德国金融企业集团具有金融资本与产业资本紧密结合的特点。

法国金融监管机构规定银行向企业参股额度不得超过自有资金的50%，向全部商业企业参股总额不得超过自有资金的50%。

加拿大于2001年修订《C—8法案》并参照该法案制订了现行监管体制。其主要内容包括：（1）新的银行所有权制度。大型（50亿加元以上）、中型（10亿~50亿加元）、小型（10亿加元以下）。大型银行（50亿加元以上）的股东不得控制超过20%的有表决权的股份和超过30%的非表决权股。中型银行（10亿~50亿加元）可被集中持有，但具有表决权的35%股份必须在加拿大证券交易所公开交易。小型银行无限制。(2) 禁止单一股东控制大型银行或保险公司。(3) 银行并购方面：允许银行与一家信托公司、保险公司等金融机构进行合并。

3.2.4　我国金融监管制度演变

(1) 银行、证券、基金业监管制度演变

我国银行、证券、基金业经营模式经历了“混业—分业—并存”三个发展阶段。

短暂的混业经营阶段。改革开放初期，我国金融业务刚刚起步，监管体制仍待完善，监管模式亟待摸索，该阶段以混业经营为主，金融业载体主要是商业银行。商业银行内部设立证券业务部、房地产业务部、信托业务部等，银行开展证券业务导致大量信贷资金流入股市，助长股市投机，股指经常暴涨暴跌。

分业经营时代来临。1993 年中国证监会正式成立，同时国务院也出台了《关于金融体制改革的决定》，标志着中国金融业步入“分业经营”时代。随后，涉及分业经营的法律法规陆续出台，《金融机构管理规定》《关于加强商业银行管理若干问题的意见》《国务院批转专业银行与附属信托投资公司脱钩意见的通知》《商业银行法》等法律法规确立了分业经营体制。《商业银行法》第四十三条规定，“商业银行在中华人民共和国境内不得从事信托投资和股票投资业务……不得向非金融企业和企业投资”，《证券法》第三条规定，“证券业和银行业、信托业分业经营、分业管理。证券公司与银行、信托、保险业务机构分别设立”，这标志着监管将证券业务从银行业务中剥离出来。

混业分业经营并存阶段。1999 年，中国人民银行颁布《证券公司进入银行间同业市场管理规定》和《基金管理公司进入银行间同业市场管理规定》，允许符合条件的券商和基金管理公司进入银行间同业市场从事拆借和债券回购业务。2001 年，中国人民银行发布实施《商业银行中间业务暂行规定》，经批准商业银行可以从事代理证券业务和财务顾问等中间业务，预示着我国银行分业模式逐步向现代金融混业模式转变。2005 年，《商业银行设立基金管理公司试点管理办法》的出台标志着商业银行可以开办自己的基金公司，同年，银监会也颁布《商业银行个人理财业务管理暂行办法》《金融机构信贷资产证券化监督管理办法》，上述办法标志着银行、证券、基金进入分业混业经营并存时代。

（2）保险业监管制度的演变

分业经营时期。2002 年，《中华人民共和国保险法》再次修订，并规定其资金仅限于在银行存款、购买政府债券、金融债券等。保险公司不能设立证券机构，不能跨行业经营。2003 年，保监会颁布《保险公司投资企业债券管理暂行办法》，将债券投资范围扩大到经主管部门批准发行的 AA 级企业债券，比例不得超过保险公司上月总资产的 20%。

分业经营向混业经营过渡。2004 年，保监会颁布《保险机构投资者股票投资管理暂行办法》，保险公司可通过资管公司或者直接投资权益资产。2005 年，保监会颁布《保险机构投资者债券投资管理暂行办法》，债券投资范围拓展到企业短期融资券，至此，保险公司可投资债券品种为国债、央行票据、次级债券、次级定期债务、企业债、金融债、可转债及短期融资券等，投资占比提高到 30%。2006 年 3 月，保监会出台《保险资金间接投资基础设施项目试点管理办法》，保险公司能够间接投资基础设施项目。2006 年，国务院颁布《关于保险业改革发展的若干意见》鼓励保险资金直接、间接融入资本市场；开展投资不动产和创业投资企业的试点；支持保险资金参股商业银行等。2006 年，保监会颁布《关于保险机构投资商业银行股权的通知》，允许保险公司投资境内国有行、股份行和城商行等未上市银行的股权。2008 年，银监会与保监会签署《关于加强银保深层次合作和跨业监管合作谅解备忘录》，银行和保险公司开展相互投资的试点。保险监管制度逐渐向混业经营模式过渡，这开启了中国人寿、中国平安综合金融集团发展之路。

（3）金融控股公司监管现状

目前我国金融控股公司存在的形式主要分为以下两种：一是由金融机构形成的金融控股公司，包括：国有商业银行通过独资或合资而成立的金融控股公司；以信托投资公司为主体的金融控股公司；以保险公司为主体的金融控股公司。二是由产业资本投资形成的金融控股公司，其中既包括国有企业集团，如宝钢、山东电力、海尔等，也包括民营企业集团，如新希望和已经崩溃的德隆等。其中，一些实力较强、经营规范的机构通过这种模式，优化了资源配置，降低了成本，丰富和完善了金融服务，有利于满足各类企业和消费者的需求，提升金融服务实体经济的能力。但在实践中，也有少部分企业盲目向金融业扩张，隔离机制缺失，风险不断累积。

为防范风险，加强金融控股公司统筹监管，加快补齐监管制度短板，2020 年 9 月 13 日，国务院发布了《关于实施金融控股公司准入管理的决定》，授权人民银行对金融控股公司开展市场准入管理并组织实施监管。人民银行制定形成了《金控办法》，其核心宗旨是加强对非金融企业投资形成的金融控股公司的监督管理，特别是提出未经央行批准不得注册登记金融控股公司，以便对所有的非金融机构的金融控股公司大量存在的无证经营、无票上车、野蛮生长、无人监管的状态进行收编和管控，可以说监管的方向具有较强的针对性和可操作性，更体现了重大现实意义，有利于从根本上整治金融市场乱象，防范化解金融风险。

3.3 国外产融结合发展阶段及主要模式

3.3.1 产融结合发展阶段

在西方，产融结合经历了不同的发展阶段，呈现出从融合到拆分再到融合的动态演进过程，主要可分为以下四个阶段。

第一阶段：产融结合萌芽阶段。西方发达国家的产融结合最早可以追溯到中世纪，当时银行的组织基础是商行或贸易商。因此当我们观察银行业的起源时，可以发现早期商业银行就是与商业贸易结合在一起的，这可以被看做西方发达国家产融结合的萌芽形态。

第二阶段：产融自由结合。19 世纪 70 年代到 20 世纪 20 年代末，是资本主义形成垄断并在资本市场占据主导地位的时期。这一时期银行通过参股企业或直接开办企业，以此达到银行资本与产业资本的融合，而企业则选择参股银行或者购买银行股票，以及创办自己银行的方式将资本融入银行领域。此外，银行还积极参与发行及交易股票、公司债券等融资活动，并成为融资的重要参与者和资金的重要供给者。

第三阶段：产融限制结合。1929 年 10 月，由于生产的社会化与生产资料私有制之间的矛盾，美国爆发经济危机，从而引发了 1929—1933 年的世界性经济大危机。受此次经济危机的影响，大批银行倒闭，企业与银行之间的信用关系基本崩溃，在经济危机过后，西方发达国家开始实行产融分离及金融机构分业经营、监管的政策，这一阶段总体上政府倾向于采取限制产融结合的发展策略。由于西方资本主义国家因其经济地位和社会经济条件上的不同，产融结合在各国的发展也会有所差异。1933 年以后，美国等西方发达国家开始实行银行业与证券业分业经营管理模式。受此限制，美国产融结合呈现两种不同的形式：一是从企业角度来看，依托发达的资本市场，产业资本自由进入金融市场筹资；二是对于银行等金融机构来说，市场准入、相互持股和投资存在着严格的限制，银行只能通过持有公司股票的形式，参与金融市场的融资活动。紧随其后，日本也开始实行金融分业管理模式。与美国不同的是，日本的管理模式高度依赖银行体系，因此产融结合以银行为主。欧洲国家则在产融结合中奉行自由主义政策，继续实行以银行为中心的间接融资与直接融资混合的机制，产融结合也因此表现出银行业、证券业与工商企业自由结合的状态。

第四阶段：产融结合的多元融合阶段。第二次世界大战后，伴随金融监管的弱化和金融创新的深化，产融结合的表现形式日益丰富，金融资本内部的证券业和银行业的行业差异化变小，产业资本不再单一地依赖金融资本，积累了一定规模资本的企业开始直接控股金融资本，非银金融机构开始逐步崛起，产业结合有了更多有效的方案。

总的来看，这一阶段产融结合的发展方式主要有两种：一是银企综合制的发展，二是银企关系由单纯的信贷关系向产权关系结合。20 世纪 70 年代后期，西方国家经济增长停滞但通货膨胀却居高不下，在这种形势下政府逐渐放松金融管制、实行金融自由化。之后，以美国为代表的西方国家对金融体系进行改革，使产融结合在宏观上进入新阶段。在此阶段，美国产融结合途径和方式也发生了一系列的变化，主要可以分成三类：首先投资银行和各类投资基金取代传统的商业银行成为产融结合的主导力量；其次产融结合开始朝着包括养老基金在内的各种投资基金发展，进一步试图避开现有的制度限制，渗透到银行、证券、保险、租赁等各个领域；同时，商业银行与投资银行、传统的金融企业与非金融企业之间的界限逐渐淡化，各类投资银行和银行持股公司可以通过自己的分支机构涉足其他行业，使产业资本可以直接进入金融行业。

这一阶段，对于日本来说，由于受到“石油危机”的影响，经济增长缓慢，日本政府开始制订新的金融制度以刺激经济增长，其中一个最重要的改革就是允许银行及证券等业务的相互渗透，不同金融机构业务渗透的基本方式是通过设立“异业子公司”实现的，即银行或者证券公司、信托公司可以通过兴办子公司的方式渗透到其他公司的业务之中。

与此同时，除美国、日本之外的西方各国仍然维持银行、证券业相互混业的经营模式。此外，这些国家的发展趋势是加大直接融资的比重，并加强直接融资和间接融资之间的交流。

3.3.2 新世纪以来的发展趋势

进入 21 世纪，许多发达国家为了应对经济全球化，增强本国的经济竞争力，对已有的产融结合模式进行检讨并不断创新。这一时期产融结合的发展趋势总体呈现为：

第一，资本市场在产融结合中的地位变得日渐重要。近年来，西方各发达国家为了增强资本市场的作用，不断推行各种强制性的经济政策，例如放宽银行对证券拥有量的限制，提供特别税以鼓励储户将其存款以风险资本和长期债务的形式直接融通给企业等。

第二，银行制度的改变，从分离制变更为全能制。自 20 世纪 90 年代以来，实行银行分离制的国家都在向银行全能制过渡：美国 1999 年通过《金融服务现代法》开启了金融混业经营的格局，日本从 1999 年打开了商业银行与投资银行之间的壁垒，允许商业银行从事投资银行业务，如股票、基金等，欧洲各国也都开始不同程度地实行全能银行制。

第三，从信贷联系过渡到产权联系。随着愈演愈烈的市场竞争及不断发展的社会化大生产，银行及企业之间的信贷关系已不能满足其各自的发展需求，都需要发展新的产权联系。例如，日本六大财团之一的三菱集团，三菱银行平均持有集团内各企业 4.26%的股份，而三菱银行 19.87%的股份被集团内企业持有。

第四，产融结合各种模式相互融合的趋势。21 世纪以来各国的产融结合模式虽然还保留着各国的历史、文化、政治、经济等方面的特色，但开始呈现出相互融合的特点。例如美国开始重视银行的作用，开始实行放松银行持有公司股票的限制；日本开始弱化银行对企业的控制，企业开始积极走向资本市场。

第五，2008 年国际金融危机后，许多企业开始探索聚焦主业、产融协同发展的道路。这次金融危机，使得很多企业遭受了巨大损失，旧的产融结合模式也面临严峻考验。鉴于此，许多企业集团通过整合重组业务结构，强化与产业部门核心业务相关度较高的金融业务，剥离高风险或非战略性的业务，此外通过并购、重组等方式，强化核心金融业务市场优势。比如，GE 公司适度缩小业务范围，扩大在核心产业领域内的金融服务能力，集中核心金融业务，主要向中间市场客户提供核心贷款，并且通过收购波兰 BPH 银行的控股权，拓展了在消费领域的金融服务能力和市场份额。通过上述措施，虽然 GE 公司的金融业务收入比重从近 50%降到了 30%，但也成功渡过了金融危机，并且通过危机进一步确立了在各项核心金融业务领域的竞争优势和领先地位。

3.3.3　产融结合的主要模式

（1）美国企业的产融结合模式

美国是实行自由市场经济的国家，奉行财产不可侵犯、契约自由及自我负责原则，注重产权制约，同时强调市场对经济发展的促进作用，推崇企业家精神和市场效率，生产要素能够自由流动。此外，美国企业的产权结构也不同于其他西方发达国家，主要表现为股权高度分散，金融机构作为所有者持有的股份很少，而个人股东数量较大并占有重要地位。美国高度发达的资本市场，使得企业普遍可以通过直接融资方式获得所需资本。鉴于美国独特的产权结构、融资结构，美国的产融结合也发展出一种独特的模式，即市场主导型模式，产业部门在发展过程中的资本需求不会对某一融资方式或中介机构产生严重依赖，而是可以通过多种渠道和技术得到满足。

根据美国市场经济的特点及金融管制政策的变化，可以将美国企业产融结合的模式分为两种：

第一，由融而产。美国的产融结合源自 JP 摩根，他在 1861 年创立摩根商行，之后为了拓展业务至产业领域，于 1871 年同他人一起创办德雷克塞尔摩根公司，后又合并重组美国的钢铁公司，使之成为全球最大的钢铁企业。在 19 世纪末 20 世纪初通过控制美国国民银行，实现对大量企业资产和产业部门的控制，形成了产融型企业财团——摩根财团。这是银行资本逐渐向产业领域渗透，并逐步控制产业资本，从而实现产融结合的典型代表。

第二，由产而融。GE 公司早期只是进行简单的商业信贷业务，后期随着市场形势的不断变化才逐渐进入消费信贷领域。20 世纪 60 年代起，逐渐拓宽业务领域，开始开展租赁业务、工业贷款等，后期逐步转型成为其内部产业提供专业金融服务的机构，在公司内部形成了产业板块与金融板块充分互动的局面。这是通过产业资本支持金融资本，整合金融业务，实现产业资本与金融资本之间的相互转化，由产而融的成功典范。

（2）美国企业产融结合的主要特点

从上述分析可以发现，美国产融结合的特点可以归纳为三点：

随制度变迁而更迭、以市场为主导、重视金融创新。具体来看，美国的产融结合随着市场经济制度的变化而变化。在19世纪初至20世纪初，美国的市场经济属于自由竞争阶段，这一阶段美国的产融结合逐渐有了发展趋势；从20世纪30年代的经济危机到70年代末，美国政府开始实行干预政策，颁布各类法律法规禁止银行投资工商业，产融结合的发展受到限制；从80年代初至今，美国政府通过对经济危机的重新反思，发现通过分业管理无法实现金融业的长久稳定发展，因此颁布了一系列放松金融管制的方案政策，逐步实现金融自由化。自此，产融结合在美国得以继续发展，并逐渐完善。

在市场导向方面，由于美国公司的股权结构高度分散，个人股东数量较大，大部分股东又缺乏参与公司控制与管理的动力，同时美国金融机构作为所有者持有的股份很少，股份主要集中于保险公司等非银行金融机构。这种股权结构类型决定了其产融结合主要是通过资本市场的基础作用来实现的外部结合模式。在公开的资本市场上金融资本价格根据市场决定，投资者间接参与公司的治理，使得这种产融结合模式具有较高的信息透明度和较强的约束力，信息的高度透明也可以提高资本的利用率，以提高产融资本的配置效率。在这种产融结合的模式中，资本市场使交易成本降低、资产流动性增强，企业可以通过多种渠道和技术得到资本需求，使得企业在发展过程中不会对某一融资方式或中介机构产生严重依赖。

在金融创新方面，金融机构产生银行持股公司、公司内部金融机构等新型产融结合方式。持股公司通过持有一定比例的银行股票，参与到银行经营决策中，达到控制目的，并进入新的金融领域。这是金融与产业资本融合，以提高市场竞争力的一种表现。企业内部金融机构，即企业通过将金融机构的信贷、结算等职能引进企业内部，将企业的自有资金与金融机构的信贷资金结合运用，提高资金的利用效率，达到产业与金融资本的融合。

3.4 我国产融结合发展历程

3.4.1 我国产融结合发展阶段

相对于国际上发达国家产融结合进程的快速发展，我国的产融结合相对进展较慢，且发展方式与美、日、德等发达国家也存在差异。中国的市场环境、制度体系、意识形态等社会环境的客观条件与西方发达国家存在显著差异，这表明直接照搬西方发达国家产融结合的发展进程是不合适的，但美、日、德等发达国家产融结合的发展状况仍为我国的产融结合发展提供了较高的参考价值。

在新中国成立初期，我国效仿苏联的发展经验，在生产资料国有化的前提下实行了重工业优先发展的工业化战略，并初步建立并实施了计划经济体制。在该阶段，我国不存在国际意义上真正的产融结合，但存在产业部门与信贷部门的借贷关系，初步借贷关系的形成为我国的产融结合奠定了良好的发展基础，但此时正式的产融结合在我国尚未开始。

本书将我国产融结合的发展主要分为四个阶段，从 1978 年进行改革开放到 20 世纪 90 年代后期是产融结合的初始阶段，20 世纪 90 年代后期到 21 世纪初是产融结合的曲折发展阶段，21 世纪初到 2012 年是产融结合的高速发展阶段，而 2013 年至今我国处于产融结合的不断深化阶段。

自 1978 年我国实行改革开放以来，随着我国市场经济体制的建立与逐步发展，金融市场的不断完善，我国产融结合也进入了发展的初始阶段。此时，我国产融结合的方式较为单一，主要表现为工商业参股银行业。以中国第一家国有股份制银行——交通银行为开端，我国开始进行了初步的产融结合。在交通银行成立之初，工商业对交通银行的股权占比达到了 28%。此后，工商企业的资金向金融企业逐渐流入，同时还存在着集团自办财务公司和银行的产融结合发展形式，典型代表为中信集团成立的中信银行以及光大集团成立的光大银行。

随着我国经济的高速发展，产融结合很快便进入到了发展的繁荣期，特别在 2001 年中国加入世贸组织后，在不断与国际接轨中，我国的产融结合开始以发达国家作为参考。我国的产业资本与金融资本的关联性不断加强，产融结合进入了第一次高速发展阶段，但高额的利润掩盖了繁荣泡沫下的风险与危机。由于我国的经济体制与法律制度尚不完善、缺乏有力的监管手段等客观原因，产融结合的发展步伐快于国家制度的完善速度。在 20 世纪 90 年代后期，我国的产融结合发展出现了接连不断的问题，其中的典型案例为“德隆事件”。德隆集团作为当时中国最大的民营企业，旗下拥有 177 家子、孙公司和 19 家金融机构，被人们称作“股市第一强庄”的巨型企业集团。德隆集团通过不断的产业整合，进行盲目扩张，忽略了金融市场高收益背后的巨大风险，资金大量投入金融市场使得德隆集团的资金链对股市的波动极为敏感。在经历了“中科事件”和金信信托挤兑风波后，最终在 2004 年，德隆系股票全面崩盘。德隆事件的发生为我国试图进军金融业的工商企业敲响了警钟，工商业进入金融业的热情逐渐消退，同时国家也加强了对金融市场的监管与整顿力度，对产融结合提出了新的规范要求与制度限制。随着国家对金融市场的大力整改，我国的产融结合进程出现了发展的低潮期。总而言之，在这一阶段，随着我国关于产融结合的制度环境不断健全完善，产融结合在中国特色社会主义市场经济的道路上不断曲折发展前行。

随着我国经济的快速发展，资本市场的不断完善，产融结合作为经济发展的必然阶段与发展趋势，在这一阶段逐渐恢复并再一次进入了高速发展期。此时，国家在金融领域的监管制度已较为健全，为产融结合提供了较为良好的发展环境。这一阶段的产融结合主要表现为“由产及融”的结合形式，即工商业主动向金融行业渗透，持股金融产业以缓解企业融资约束、降低信息不对称等问题为主。在此阶段，我国金融机构以银行为主，而根据我国对产融结合的形式限制，不允许银行直接向非金融机构进行投资持股，因此我国在“由融到产”这一产融结合形式的发展速度较为缓慢。这主要表现为银行对企业的“债转股”这种间接性的“由融到产”形式或非银行的金融机构对产业部门的持股等。而在此阶段，我国的“由产及融”模式已经进入了较为成熟的发展阶段。

随着我国进入社会发展的新时代，我国经济进入了新的转型期，由追求数量增长的经济增长模式向质量增长型经济转型。随着互联网行业的高速发展，产融结合和互联网经济的联系也逐渐加强。面临实体经济与金融市场发展存在的种种问题，我国政府采取了相应的国家政策促进产融结合的成熟。党的十八大以来，国家在新发展理念的指导下，加大了对金融机制的改革力度，同时在供给侧结构性改革的基础上不断推进实体经济的振兴，而产业部门的转型与优化也离不开金融部门的支持。党的十九大以来，在不断改善金融环境的前提下，国家不断推进产融结合的创新型发展，同时鼓励产融结合与互联网行业加强联系。在国家政策的支持下，产融结合不断深化发展，同时由过去单一的结合形式向多元化趋势发展。

综上所述，我国产融结合的发展已经越过了起步阶段，产融结合在现今的经济发展中仍存在较大的发展潜力与较强的发展动力，与此同时，政府也在不断完善制度体系，从政策方面对产融结合进行指导与规范，从而降低金融风险，防范金融危机的产生。

3.4.2　我国产融结合的基本特征

第一，参与产融结合的产业部分涉及行业广泛，但金融机构较为单一。

我国产业部门选择金融机构作为合作对象推进产融结合时虽然银行、证券、财务、信托等都有涉及，但还是以银行为首选，证券次之，其他类型的金融机构均相对较少。与此同时，我国各个行业均不同程度地参与了产融结合，既包括传统产业，也有新兴产业，具体涉及水、电、煤气的生产和供应、批发零售业、交通运输业、仓储业、农林牧渔业以及建筑业和房地业，涵盖了三大产业。这主要是因为，产业部门参与产融结合着眼于解决自身资金短缺的问题，而产融结合作为市场经济发展到一定阶段的必然产物，确实可以缓解企业所面临的融资约束，节约交易成本。这一机制并不局限于产业部门所处的行业，而融资难又几乎是各行业均普遍存在的难题，故而各行业的产业部门均会积极尝试。而在金融机构的选择上，基于我国各类金融机构的特点和产业部门的需求，银行作为首选也是情理之中。

第二，产融结合还处于发展的初期，发展水平参差不齐，各企业间差距较大。

我国产融结合还处于发展过程中，各企业发展程度不一，整体水平偏低。一方面是受企业规模影响，中小企业与大型企业在产融结合方面的发展存在较大差距。诸多大型企业在产融结合方面已经形成了一定的规模，不论是通过直接控股金融机构的方式还是通过设立或并购的方式在集团体系下形成多层次的融资结构，都通过产融结合的诸多便利推动了企业集团自身实力的进一步拓展。而众多中小生产企业在参股金融机构时所占比例均相对较低，多数在 10%

以下。另一方面是受企业性质影响，在产融结合的发展程度方面，民营企业和国有企业之间存在较大差距。单就参股或控股金融机构数量方面便不难看出，从国资委的统计数据我们可以看到，截至2016年9月，在国资委管理的103家央企中约有83.5%的企业至少控股某一金融机构，其中有大约35%的央企至少控股了两家金融机构。其中，国家电网公司、中国石油、中国五矿集团、招商局集团参股或控股金融机构数量多达8至9家。中航、华能、华电、国电、华润以及国家开发投资公司则均参股或控股5家金融机构。与之有较大反差的则是融资相对更不便利的民营企业参股或控股金融机构的数量均较少，甚至均只持股一家金融机构，且持股比例也相对较低。除此之外，产融结合的发展水平也与各地区的市场发展程度和金融发展程度密切相关。在市场经济发达，金融发展水平较高的地区，产融结合发展的广度和深度都更为可观。

第三，产融结合整体发展程度不深，产融结合正向效应发挥较小。

我国多数企业目前推进产融结合大多着眼于解决自身发展中的资金短缺问题，并未将产融结合更深层次效应的发挥纳入自身企业发展规划的考量。众多学术界的研究或是实物界的实践均反映出我国上市公司目前产融结合的主要收益均来自产业资本介入金融资本的投资回报，而其他正向效应的发挥受限于产融结合整体发展水平相对较低并没有有效发挥。一方面因为多数参与产融结合的产业部门企业在金融机构占比不高，并不能很大程度上参与并影响其决策，未能充分发挥产融结合机制对自身主营业务和整体发展的促进作用。另一方面也未能有效实现实体产业与金融业之间的互补，进而起到业务协同的作用。

我国产融结合发展的广度和深度有待进一步深化，而这也受限于我国产融结合发展的客观层面。宏观层面则是我国的金融管制需要进一步放宽，为真正实现产业和金融业的协同发展创造条件。同时，也需要进一步规范我国现有的法律法规，推动我国产融结合的规范发展。微观层面，企业也要进一步优化自身整体的发展规划，结合自身的主营业务，有效实现产融结合正向效用的发挥。同时也积极推进自身组织管理结构的优化，得以适应产融结合深化带来的新发展。

第 4 章　我国大型企业产融结合现状与典型案例分析

本书对我国大型企业产融结合的现状、问题及典型案例等进行回顾、梳理和分析。确切把握我国大型企业产融结合发展过程和基本现状，并结合实际进展总结可能存在的问题，进而提出我国大型企业由产融结合向产融共生发展的必然，这是全书研究的立足点与现实基础。

4.1　我国大型企业集团产融结合发展的基本现状

本书对大型企业集团产融结合发展模式的研究范围是“由产到融”企业。本书考察期为 2008—2018 年，在此期间国内约有 3287 家非金融上市公司，最终选取产融结合代表性样本共计 300 个。下文分别从实施产融结合非金融上市公司数量、行业分布、参股金融机构以及发展深度等方面进行具体分析。

第一，总体数量呈现逐年增加态势，如表 4.1 所示。

表 4.1　2008—2018 年实施产融结合发展的非金融上市公司数量分布情况

年份	上市公司数量（家）	占比（%）
2008	28	9
2009	39	13
2010	50	17

续表

年份	上市公司数量（家）	占比（%）
2011	63	21
2012	67	22
2013	73	24
2014	79	26
2015	83	28
2016	94	31
2017	101	34
2018	126	42

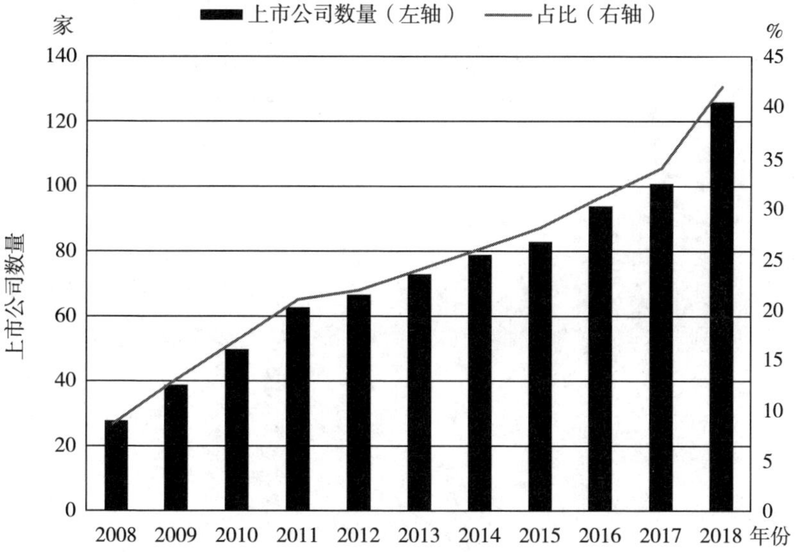

图 4.1　2008—2018 年实施产融结合发展的非金融上市公司数量及占比

第二，被参股金融机构多为银行、证券、财务公司和保险，其中银行和财务公司占比逐年递增。信托、期货和租赁占比较低，银行、证券和保险增长较快，特别是银行业发展势头强劲，如表 4.2 所示。

表 4.2　被参股金融机构的行业分布情况

年份	银行	证券	保险	财务公司	信托	基金	期货	租赁	合计
2008	9	4	2	5	0	3	1	0	24
2009	14	10	7	9	2	5	3	2	52
2010	18	13	10	9	3	6	5	1	65
2011	20	19	12	15	4	4	3	2	79
2012	27	24	14	17	6	8	4	1	101
2013	34	29	12	24	7	11	6	3	126
2014	48	31	14	32	10	15	5	3	158
2015	53	35	19	37	13	19	7	5	188
2016	60	29	21	43	15	22	9	8	207
2017	69	28	23	47	15	25	9	11	227
2018	72	33	29	50	21	30	11	15	261

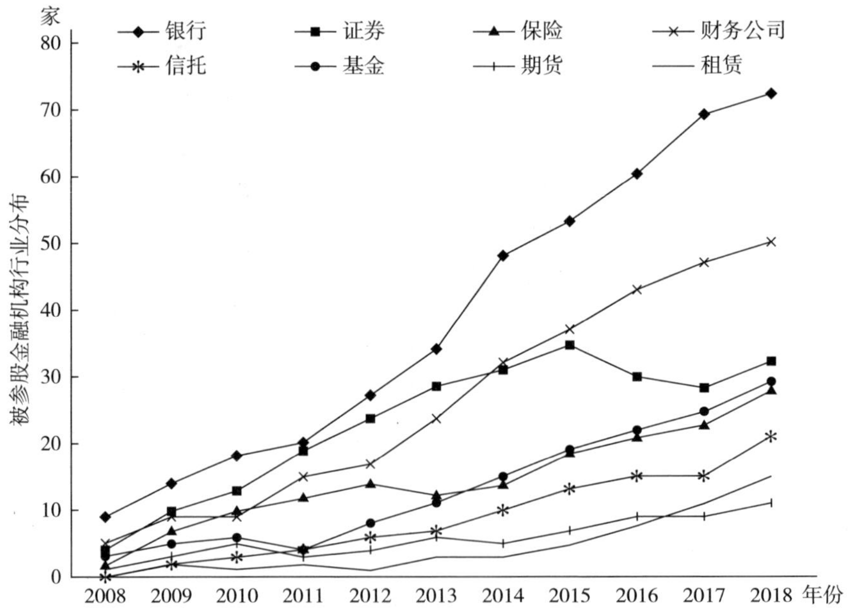

图 4.2　被参股金融机构的行业分布

第三，从行业分布角度看，本书所考察的范围内几乎涉及了所有行业，而制造业、电力、煤气和水的生产和供应业，以及批发和零售贸易等行业的比重更高，如表 4. 3 所示。

表 4. 3　实施产融结合非金融上市公司行业分布情况

行业代码	行业名称	产融结合公司数（家）	样本数量（家）	占比（%）
A	农林牧渔业	2	4	50
B	采掘业	2	16	13
C0	食品、饮料	6	18	33
C1	纺织、服装、皮毛	4	10	40
C3	造纸、印刷	1	4	25
C4	石油、化学、塑胶、塑料	4	20	20
C5	电子	6	16	38
C6	金属、非金属	14	22	64
C7	机械、设备、仪表	22	44	50
C8	医药、生物制品	8	14	57
C9	其他制造业	1	6	17
D	电力、煤气及水的生产和供应业	21	28	75
E	建筑业	6	10	60
F	交通运输、仓储业	6	14	43
G	信息技术业	1	8	13
H	批发和零售贸易	8	30	27
J	房地产业	4	12	33
K	社会服务业	2	8	25
L	传播与文化产业	2	4	50
M	综合类	6	12	50
合计		126	300	42

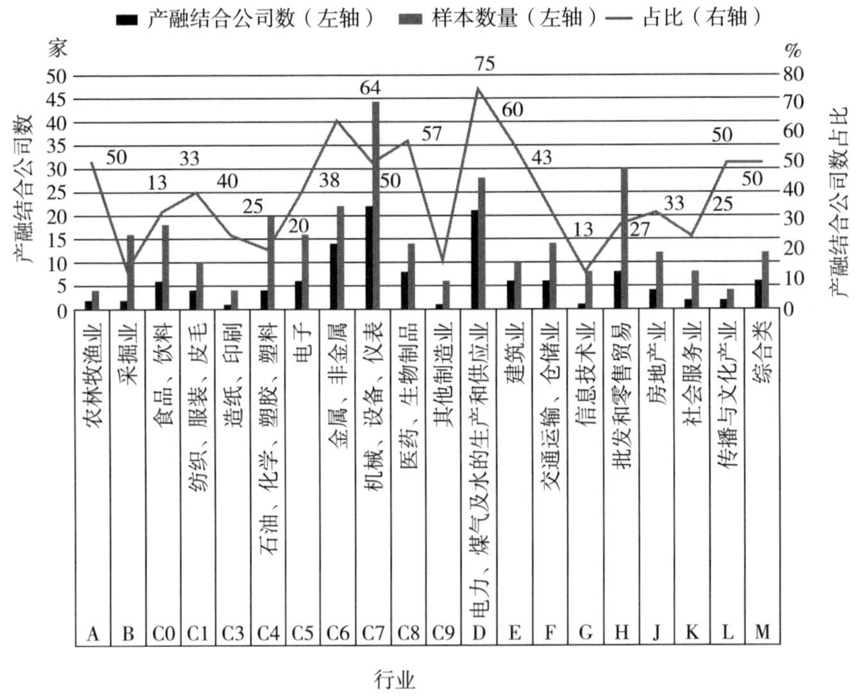

图 4.3　实施产融结合非金融上市公司行业分布情况

第四，从参股比例情况看，大部分实体企业选择以参股形式进入金融行业，选择以 20%以上参股形式的企业较少。1%～10%这一区间的上市公司增长速度放款，10%～20%这个区间的上市公司数量有比较大幅度的上升。说明上市公司的投资行为变得更加理性，如表 4.4 所示。

表 4.4　按参股比例划分的非金融上市公司数量分布

年份	1%～10%	10%～20%	20%～50%	50%～100%	合计
2008	10	6	5	3	24
2009	31	13	6	2	52

续表

年份	1%~10%	10%~20%	20%~50%	50%~100%	合计
2010	40	17	6	2	65
2011	47	21	6	5	79
2012	32	57	8	4	101
2013	43	65	11	7	126
2014	68	73	14	3	158
2015	75	91	16	6	188
2016	80	100	23	4	207
2017	75	117	27	8	227
2018	92	125	30	14	261

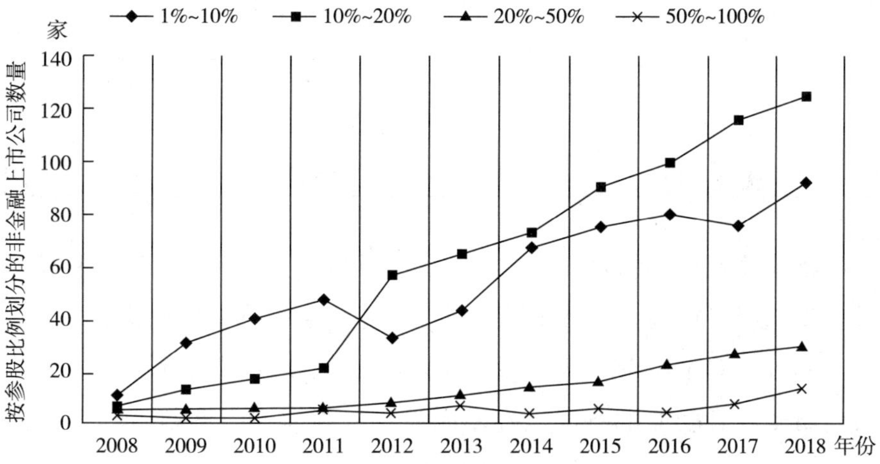

图 4.4　按参股比例划分的非金融上市公司数量分布

第五，按国有企业、民营企业划分的产融结合情况来看，现阶段国内产融结合发展明显地以央企为主，大型民营企业也纷纷加入其中。当前国内大型国有企业集团涉足金融业务领域的基本情况，如表 4.5 所示。

表 4.5　国有企业集团产融结合的基本情况

国有企业	主营业务	金融业务						
		银行	证券	保险	信托	财务公司	基金	期货
中石油	能源	√	√	√	√	√	√	
中石化	能源			√	√	√		
中化	能源化工			√	√	√	√	√
国家电网	电力	√	√	√	√	√		√
国电	电力	√		√		√	√	
华能	电力		√	√	√	√	√	√
中粮	粮油	√	√	√	√	√		√
五矿	矿业		√	√	√	√		√
宝钢	钢铁	√	√	√	√	√	√	
首钢	钢铁	√		√		√		
招商局	综合	√	√	√	√	√	√	
中信	综合	√	√	√	√	√	√	√
海尔	电器	√	√	√		√		
合计	13	9	9	13	10	13	7	6

国有企业产融结合的模式以保险和财务公司居多，13 家国有企业全部选择了保险和财务公司，其次是银行和证券共有 9 家。

另外，对于民营企业来说，中国的金融业在不断发展，中国的民营资本在金融业的布局也在不断发展。当前国内大型民营企业集团涉足金融业务领域的基本情况，如表 4.6 所示。

表 4.6　民营企业集团产融结合的基本情况

民营企业	主营业务	金融业务						
		银行	证券	保险	信托	财务公司	基金	期货
明天控股	科技	√	√	√	√		√	√
海航集团	运输	√	√	√	√		√	√
安邦集团	保险	√	√	√	√		√	√

续表

民营企业	主营业务	金融业务						
		银行	证券	保险	信托	财务公司	基金	期货
复星国际控股	动力		√	√			√	√
联想控股	家电	√	√	√			√	√
锦龙股份	房地产		√					√
沙钢集团	钢铁					√		√
新希望集团	饲料	√	√			√		√
忠旺控股	工业铝	√		√		√		
新湖集团	基建	√	√	√				√
美的集团	家电	√	√			√	√	√
富得集团	贸易	√		√	√			
万向	汽车零件制造	√			√	√	√	√
泛海	房地产	√	√	√	√			√
京华	蔬菜	√						
涌金	物业		√		√		√	√
杉杉	综合	√		√				√
亨通	线缆	√	√			√		
泰豪	电器	√	√	√				
三胞	电子产品	√	√	√				√
中植	综合			√	√		√	√
合计	26	16	14	13	8	6	9	16

民营企业选择财务公司的较少，26 家民营企业有 6 家选择财务公司，以银行、证券、保险、期货居多。

4.2 基于 SWOT 的国内外典型案例研究

4.2.1 SWOT 分析工具

SWOT 分析是一种综合考量企业内外部环境，通过全面评价与企业内外环境息息相关的各方面因素，找准企业定位，发掘企业优势，选择企业经营策略的一种方法。其中“S”代表优势，“W”代表弱势，“O”代表机会，“T”代表威胁，S、W 是内部因素，O、T 是外部因素。

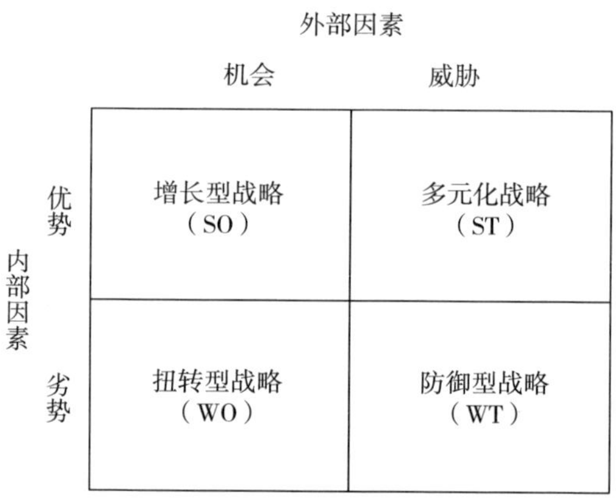

图 4.5 SWOT 矩阵

SO 代表企业具有明显的内部优势，同时面临诸多的外部机遇，应采取增长型战略，如开发市场、增加资源等；ST 代表企业虽然具有良好的内部环境，但是面临严峻的外部威胁，应采取多元化战略，充分利用自身优势，在多样化经营上寻求长期发展的机会；WO 表示企业面临严峻的企业内部困境，应采取扭转型战略，充分利用外部带来的众多机遇，抵御劣势，谋求发展；WT 代表企业内外交困，应采用防御型战略，进行业务调整，规避劣势和风险。

4.2.2　典型案例剖析

（1）海尔集团产融结合 SWOT 分析

优势 1：提升主业实力，助推金融发展。在实施产融结合战略之前，海尔核心产业——白色家电已做到国家龙头，居于世界领先地位（位居世界第五）。集团总收入与净利润已接近世界 500 强的实力水平。其在产业领域所累积的财政实力、社会关系、客户资源和企业声誉足以支撑其涉足新的业务领域。因此，海尔集团能够直接向金融市场上具有一定规模的金融机构注入大量资本购入股权，从而成为头号股东，取得公司经营的控制权。并且，上述资源的累积，有利于海尔集团展开各类金融业务，为其提供大量潜在渠道与目标客户。

优势 2：产融结合，降低资金成本。作为生产和经营需要，成立财务公司对于海尔提高内部的资金周转效率、减少外部融资费用和创造新的收入渠道等方面都大有裨益。如减少集团流动资金在银行中“既存又贷”的低利用效率现象，即使未能向社会直接发放贷款，减少向银行缴纳的贷款利息等财务费用也是另一层面上的增收方式。若是能够建立隶属集团内部的财务公司，则可以借助如银行同业拆借政策等条例减少财务费用，因为同业存款暂不用缴纳存款准备金，而利率又比一般流动存款利息高。海尔集团一年的营业收入能达到 720 亿元，其中收入的资金和支出的费用在资金链的流动中必然存在利用效率不高的情况，流动资本在银行中既存又贷使得这部分资金没有发挥其作为商品的价值作用。而财务公司内部划拨优势能够降低内部贷款利率、加快审批手续、利用同业存款增加利息收入从而达到降低集团整体存贷差额的作用，在资本供给方面为海尔的进一步发展提供了契机。

优势3：顺应宏观环境变化，促成自身产融结合发展。海尔在进军金融行业之前，其核心家电业务在海外的营业额已达到10亿美元，为其发展成为国际知名集团提供了坚实的经济基础。另外，海尔集团很好地把握住了时代契机，利用国家对外开放的策略控股国外保险公司或商业银行，抑或与其合作成立子公司，海尔集团将商业重心放在海外金融市场开放度高的国家（如美国等），同时拓展金融业务、销售业务，加快其产融结合的步伐。

优势4：国家方针政策的调整，推动了海尔集团的战略转型发展。改革开放后国家将工作重心转移到经济建设上来。国家方针政策的调整，对海尔等大型国际型企业的战略发展起到了重要的推动作用。由于我国实行宏观调控下的市场经济制度，政治政策的变化将对宏观经济发展的方向起直接指导作用。这一点与资本主义国家不同，美国常常因经济主动发展，进而促使政治政策完善变迁（如为了取缔垄断行径、贸易限制而产生的反托拉斯法则等）。

优势5：国家经济实力不断增强，市场准入条件逐渐放宽。海尔集团筹划财务公司的时间很长，从20世纪90年代初期便开始申请筹备财务公司。此后是中国经济高速发展的30年，GDP保持稳步增长，国家经济实力不断增强。在良好的经济环境下，20世纪90年代中期，国务院放宽了对金融市场的一系列准入条件：诸如允许企业集团设立财务公司，上市公司可以通过参股或控股券商而进入金融市场等；加之2000年7月颁布的《企业集团财务公司管理办法》，海尔集团的长期规划与对金融市场的持续研究，使得其在机会来临时能够准确选择合适的合作伙伴，迅速起势进入金融产业。

优势6：利用金融行业的新兴优势，实施差异化战略。从金融市场发展水平来看海尔集团选择产融结合的原因，家电产业当时技术相对成熟，竞争日趋激烈，行业逐渐进入微利时代。而金融业则一直是朝阳行业，当时国内财务公司平均资本利润率高达 18%，远超产业利润率。面对后起之秀的竞争压力，像海尔这样的大集团有着声誉底蕴和雄厚资本积累优势，完全有理由在进行核心产业技术研发的同时，利用盈余公积等资本进入金融业，寻找新的利润增长点，并在管理及发展得当的前提下，利用产融结合在多元化经营和节省财务开支方面的优势，推动核心产业产品线的改革和前进，走差异化战略超越竞争对手。

优势 7：利用产融结合，为客户提供多样化的金融服务，追求范围经济效益。海尔集团建立了在全国乃至全球都算庞大的客户资源网络，能提高消费者对其推出的金融产品的认可度和需求量，通过共享客户资源，财务公司为这些客户提供多样化的金融服务，产生范围经济效益。

优势 8：借鉴国际大型企业的成功经验，迅速跻身于金融领域，并获得较快发展。海尔集团走产融结合的道路，以产业资本进入金融业，借鉴了 GE 的“交叉销售”模型，即充分利用客户信息资源，销售更多种产品与服务给同一客户。与实业中的科技进步一样，金融产业中的各机构公司为了生存和发展，在金融产品和制度方面的创新也是层出不穷。海尔集团 CEO 张瑞敏也承认了“海尔投资的金融企业不是最佳的，但进入的时机是最佳的”。海尔选择控股的鞍山信托、长江证券，选择境外合作的法国巴黎银行、纽约人寿保险是当时最佳或者是最快捷的选择。

弱势 1：中国企业产融结合起步较晚，先天诸多不足；市场监管、企业制度尚不完善。中国产融结合是伴随国内经济体制改革以及各大型企业发展才逐步产生的，相比于美国、日本，我国产融结合起步较晚。因此，国内企业在产融结合发展道路上，经历的曲折和压力相比美国、日本企业更多、更复杂。海尔是国内最初几家决定走产融结合发展道路，延伸企业价值链的大型产业集团之一。相比市面上已有的财务公司和金融机构，海尔在产融结合发展初期，在金融业务上难免面临市场经验不足和管理制度不完善的问题。

弱势2：海尔进军金融行业时间短，涉猎广，任务重，人才缺。海尔用极短时间就进入了一个自己陌生的金融领域，且涵盖面广。但是，海尔将目光放在整个金融机构的各个专业化领域，其所做的选择又不一定是最优的。因此，最终难免会落得贪大求全的下场。很可能在进行控股并购、资产重组的过程中遭到原有竞争对手的针对性调整，处于专业产品和技术下的弱势。同时，海尔也存在人才储备不足的弱势，海尔开展产融结合既需要同时熟悉家电制造业务环节并能够分析各环节上可以进行资金集中、财务优化的内部员工，又需要认同海尔集团多元化经营战略，认同其企业文化同时熟悉金融市场规章制度的外派人才。从产品技术和人才技术上相较专业化的金融机构均存在劣势。

机会：借助金融创新，抢占市场资源，推进国际化进程。随着中国市场经济体制的不断发展，我国居民的储蓄水平和消费偏好都在潜移默化中发生变化，当基本生活开销满足后，投资、健康等高级消费层面的项目就会被纳入考虑。在海尔已掌握大量客户资源和内部员工的基础上，控股信托证券公司并发行产品有机会吸纳大量私人储蓄，而控股保险公司仅从集团内部吸取资源便能有可观且可拓宽的业务渠道。同时还能够促进产业链分支的横向发展，如在原料采购到仓储运输和发货销售的物流体系上发展供应链金融并优化生产供应效率；与房地产开发商或写字楼物业合作开展消费信贷业务；与大宗商品合作对象开展融资租赁服务等。海尔能够利用金融创新，进一步推动核心制造产业产品线改革和前进。通过实施多元化经营进入金融市场，为海尔独占某些资源奠定基础，继而提供差异化战略超越竞争对手。

威胁：各类风险不容小觑，例如国别风险、金融风险、经营风险、管理风险等。海尔进行产融结合最大的不确定性因素在于分散集团资源，也就是专业化发展与多元化发展的抉择。除了前文分析中经验、技术、人才缺乏的弱势，海尔还存在多元化经营所面临的多重风险，具体分析如下：

国别风险方面，海尔的产融结合道路很大程度上借鉴了通用技术等国际大型企业产融结合的发展经验。这为海尔节省了很多时间、精力、金钱成本，但是也存在一系列风险。这是因为，虽然海尔进行产融结合的发展背景和美国通用集团比较类似，但中国和美国在政治体制和经济政策上各有不同。借鉴GE发展模式在国内不一定行得通。例如，国内不允许商业银行持有工商企业股权，但美国允许银行通过信托等下属部门间接控股产业公司。这样一来，GE为发展金融部门业务，可以采取大量并购和整合其他金融企业的措施，但是海尔集团却行不通。那么，是否采取较保守的产融拓展政策便值得考量。即便继续实行产融结合的发展战略，许多前车之鉴也值得深思。例如，通用在GE金融的发展过程中，曾发生金融部门业务占有量过大、集团近一半利润依赖金融部门的日常业务和资金循环等威胁也是海尔应该引以为戒的未来风险。

金融风险方面，金融产业的准入门槛在不断降低，市场范畴不断拓展，竞争也日益激烈。如果海尔不能在短时间内在金融产业立足并从谋势真正变为谋利，就可能面临一系列金融风险。如果缺乏有效管理，金融部门盈利效率低下，甚至可能成为影响集团财务报表的“赘余”业务。另外，在具体金融业务方面，金融市场本身存在不确定性风险，诸如衍生品管理风险、银行存贷利率变化风险、国际货币汇率变动风险，以及互换合约的信用、审核、执行等财务风险都是在具体工作过程和产品设计中面临的一系列现实挑战。

经营风险方面，产融结合的重点便是整合其主业与金融业务，即将海尔的家电电子制造业务与其内部的财务公司所开展的金融业务，相互融合，双轮并驱，实现价值增值。如何让财务公司的资金进口和出口都与产销过程相关联、如何让所控股金融企业的业务与海尔集团所拥有的客户资源开展合作，这些业务又如何盈利。这些问题既是进行产融结合面临的发展契机，也关系到整个集团净利润和运营稳定程度的风险点。同时，海尔因民众对家电产业的认可而成功，随着国内教育水平的提高和部分民众对经济发展的认识，消费者对于海尔涉足金融业的做法或许会持中性态度。但不排除一部分普通消费群体，他们对家电制造企业涉足其他领域并不买账。可想而知，海尔在金融产品销售及业务推行过程中势必面临一系列难题。

管理风险方面，海尔在成为外部金融机构的控股股东之后，如果要真正进入金融行业，而并非仅仅为了在获利层面分一杯羹，一定会面临对其的控制监管和战略指导问题。如果存在证券公司内部人控制严重的管理困难情况，以海尔公司所持的并没有绝对控制权的股权份额，要将海尔的战略渗透到对应企业的发展过程，相关经营风险不可小觑。在双方产业整合过程中，从海尔集团总部下达管理命令到下层金融公司，如何保证这些公司良好的执行力度与快速的响应速度，都是管理过程中不得不考虑的问题。这些问题若是处理不当，还会影响海尔集团的整体声誉。毕竟采取如此高调的方式进军金融业，很容易被竞争对手和社会其他力量所重点关注，甚至针对。此外金融资本产业化后可能存在不正当的内部交易风险，甚至可能造成管理层忽略主业发展，管理重心转移等问题，都是在产融结合过程中可能存在的威胁。

（2）三菱集团产融结合 SWOT 分析

日本产融结合方式在政策制度、结合形式方面与其他国家均有较大差异。除了产业集团控股金融资本或金融财团持有产业股份的普遍结合模式外，日本产融结合特有的方式，为并非单方面的持有控制，而是产业资本和金融资本相互持股相互渗透。这两种产融结合方式造就了日本“锥形”和“环形”的企业结构。其中，“锥形”企业结构和其他国家地区的控股公司结构本质上是相同的。本书侧重分析日本六大集团的“环形”持股结构的特点。

优势：环形企业结构实质为企业集团非控股型产融结合模式，其特点是集团内众企业彼此成为对方的大股东，产业和金融间相互持股，互为董事的同时双方关系较为平等，这样一来最大的优势是使得不论银行还是企业都能够超越过往的信贷联系转为更为紧密的产权联系，能为集团内部的业务关系的确认和减少企业间沟通管理的摩擦创造更加便利的环境。此外，在环环相扣的网状结构里金融机构和综合商社是相互持股体系的核心，即其通常持有其他成员企业各自最大或较大的股份但并非最终的控制者。实际上现在的核心一般是一家大型银行，虽然整个集团体系没有绝对的主导控制公司，但此银行的存在成为集团开展业务沟通交联的焦点与黏合剂，如同东京三菱银行等在国内外都有成熟发达的业务和网络关系，可以发挥银行规模效益并与企业产生强大的协同效果。不仅如此，在成员企业融资过程中，银行除了自身提供大量贷款资金外会联合主导集团内其他金融机构一并为产业资本提供金融帮助。该主银行既是集团内企业的债务主擘，也是企业的主要股东；既负有企业的业务经营的监管职责，也关注投入资本在企业运转中的盈利情况。这样一来由于互相持股致使银行贷款资金的监督更加严格，对贷款对象的实际运营表现也能够起到辅助经营和促进作用。

而相较单方面控制产融结合形式，日本企业集团拥有更加独立的商社交易功能与金融功能，能够顺利地促进产融结合的发展。以三菱重工集团的发展过程来看，其从造船工业开始进入基础建设领域和重要新型工业领域，随后联手金融以信托银行为核心开始进行横向联合而发展壮大。在这一过程中金融业能够发挥其最大作用并迅速发展为集团核心部分，进而形成产业资本兼并金融资本到金融资本引导产业资本的控制局面；此外互为股东的形式也能避免产业资本对于金融资本高利润率的盲目追逐，如此一来能够真实发挥金融业为产业在提供金融服务方面的极大优势和通过产业稳固经营的局面。

综合来看，这种企业集团形式不仅能够迅速扩大企业规模，还能排除国内各产业的过度竞争关系。其原因是自由化国际化趋势下规模决定发展速度，规模小发展速度慢的公司有被淘汰的风险。这样大集团体系中的在各行业中的子公司几乎都以寡头垄断的形式存在，这样不仅有效弱化了国内市场同一行业企业间的竞争风险，而且还形成一种各集团企业间的共同防卫体制，来抵御其他跨国公司侵入日本市场。此外银行与企业相互持股形成的共同防卫体制，在资本市场上表现为由于持股关系稳定可以把股价抬至相对高的水平，防止在二级市场上被恶意收购或兼并，为企业长期稳定发展提供相对有利的条件。可以看出，银行工商企业相互持股使日本企业成员间资本纽带空前加强，尤其成为大企业集团最有力的凝聚手段，为其迅速壮大奠定基础。

此外，日本经济市场上也存在部分锥形结构的产融企业，这类企业集团组织形式有一个大型的核心母公司，母公司对子公司通过自上而下层层持股的方式构成了紧密而庞大的企业系列群体。由于历史发展原因，这种形式易形成财团，由家族化的控股公司实施金字塔式的管辖方法支配所属企业，特点是相比环形集团组织，恢复了控股公司，这样在控股公司的管辖授意下各成员企业有机会从集团金融机构中获得规模更大的直接融资，同时系统性风险的传递效应也能相较之减弱。

弱势：虽然环形持股结合模式的优点十分明显，但由于产融、银企关系相互牵连，集团整体的系统性风险将加大，会导致一方企业发生经营性危机时产生连锁性倒闭等副作用。主办银行制度是利处也是弊端，当集团内企业发生投资坏账或资金链断裂等财务危机时，主银行会负责出面组织救援，这样风险就可能通过资金链，由产业资本蔓延至金融资本上，引起环形持股集团体系之间更严重的连锁反应。此外，若是企业面临重组状况时，由于主银行拥有大量股份和企业的主导权，企业也控制银行的部分股份，这样所有权相互交叠可能导致重组面临多方牵掣的风险，无法进行彻底结构改革，企业的注册资本也可能受到金融市场的风险威胁，这也是发生泡沫经济危机时日本经济从金融业到制造业、零售业等各行业都受到极大波及的原因。

虽然大集团各个子公司几乎都涵盖了日本各行业的业务，并且寡头垄断的形势出现较多，但在循环持股的基础上，同样可能导致因一个行业同一集团持有多家公司股份而出现相同组织下不同公司相互竞争的局面，使得集团的行业竞争力因内部竞争而受损，从而因连环关系导致各大集团间的制约平衡被破坏。

总体来看，还是环形持股结构拉近了业务关系的同时也压缩了企业、资本间风险的距离，若是在危机来临时缺乏拥有绝对控制权的集团控制主体，很可能导致庞大的集团因企业各自的决策不同而缺乏统一的风险抵御防线，引发内部矛盾甚至分崩离析。

机会：综合来看，大企业发展产融结合的契机都是在政治经济政策给予适当机会，在宏观条件良好的契机下进行的。日本的企业集团更是如此，仍以三菱公司为例，以轮船制造起家的三菱家族与政府关系良好，在政策支持下很快就垄断了造船业，后来在如优势分析中所提及的进入其他产业领域的过程中都得到了政府的批准和帮助，实际上日本为发展重工业支持信托公司持有重工业制造公司股票等开放政策，同时为信托业和重型制造业提供了联合扩大经营的机会。

另外，“二战”后三菱重工业公司的发展因战败被美国以强行政策压制而大幅受挫，但也因朝鲜战争的战时所需而恢复发展，不久后日本经济就因世界格局变化而不再受美国所禁锢，企业结合的强制抑制性政治原因被放宽，因此被拆分的日本各大财团企业即乘经济高速发展之机恢复实力并迅速壮大。政策变动从禁止控股公司到允许控股公司，衍生出环形结构集团的发展到锥形结构集团，意味着在政策方面日本处于并非十分严苛的改革发展方向上，这对国内任何产融资本的结合发展前景都能给予心理上的信心鼓励。此外，虽然日本的产融结合结构受政策风向的影响力度很大，但现阶段行政力量不过多干预的实际情况使得更多民营企业有机会在各大集团成熟体系下得到较规范且稳定的发展机会。

从各行业来看，由于日本环形产融集团的涉猎行业相较其他国家的企业集团广泛程度远甚，且大部分下辖子公司都在所处行业中拥有较强的竞争力。随着科技和医学的进步、生活水平的提高以及人均寿命的延长，在日本作为全球第二大经济体的有利地位和成熟体系支撑下，各大集团能够利用下属企业现有成果，在金融业复苏的当今环境下通过多方面的发展机遇进一步壮大自身实力。如智能工业、医疗制药、电信互联、金融理财和保险公司的产业发展前景相较过往都将更加开阔，盈利也有望继续增加。由于环形持股结构既保留了各公司专业经营的权利，还能为产业金融资本之间的相互扶持相互转换创造真正的良好条件，因而在子公司各自发展前景提升的条件下，加之主银行能够协同集团体系内其他金融机构一并为集团内其他企业公司提供融资的优惠便利，经济与技术的发展有能力对拉动集团体系整体的发展提供帮助。

综上所述，日本产融结合体系在各企业的自身决策权力和相互合作关系的方面存在克服金融业在周期循环中收入不稳定的优势，又能合理利用经济发展蓬勃时期金融管制放宽、产业利润率高的契机增加收入或发挥内部交易优势助力核心产业进一步发展和扩大。

威胁：在威胁方面，由于环形结构企业集团的自身劣势在上文中已有提及，威胁主要从行业的宏观角度来进行讨论。其一，由于没有像中国及美国一样对商业银行持有工商企业股份做出禁止，而只是限制其持股比率，日本的产融结合形式十分深入，集团多元化经营没有因为追求过多行业利润而分散相关性风险，反而因涉及过多行业及各行业经营公司之间通过金融资本的所有者而产生间接联系的关系导致相关性风险被进一步集聚，可能导致系统性风险的传递从同一集团内部的不同经营范围企业扩散到整个经济体系并对宏观经济产生影响。其二，相比传统控股集团和在日本较少见的锥形持股结构集团，环形持股拉近了各子公司之间的距离，这样一来相互监管交流和业务往来的机会增加，很有可能造成内部交易繁杂、违反正常交易规则而导致整个所处行业的竞争风险增加和对整个集团的监督出现盲点等市场混乱情况。

（3）德隆集团产融结合形式的 SWOT 分析

下文以德隆集团案例来说明产融结合的关键是正确处理好实业和金融机构间的竞争战略关系。

优势：顺应改革开放大潮，经营德隆实业公司，完成产业资本原始累积。20 世纪 80 年代，是改革开放后的第一次创业大潮。1986 年德隆集团董事长唐万新成立彩扩公司，累积了产业资本，为后续进军资本市场打下了基础。1993 年，参股控股新疆金融租赁有限公司，作为资金高速运转以及大量融资的平台。之后，德隆集团向海南华银、中农信拖融得巨资 3 亿元进行国债回购。利用产融结合，扩大市场占有率，一次性涉足多个金融行业。德隆集团 1997 年 6 月进入合金股份并控股湘火炬，加上早已纳入版图的屯河水泥，德隆旗下已有 3 家上市公司。不断壮大的金融版图为实业版图提供着动力。

弱势：产融结合没有形成有效的产业链，不存在核心产业。德隆集团的结果与其初衷已经背道而驰。德隆初衷是通过融资链提升整体产业链，实现价值增值，但最终是本末倒置，仅把融资链作为核心，没有深入整合资本和产业，也未能形成高效产业链，价值增值成为奢望。

机会：内部战略一致，借助产融结合，抢占市场资源。1999 年德隆进军文体产业并将总部迁往上海。德隆国际投资有限公司正式成立。

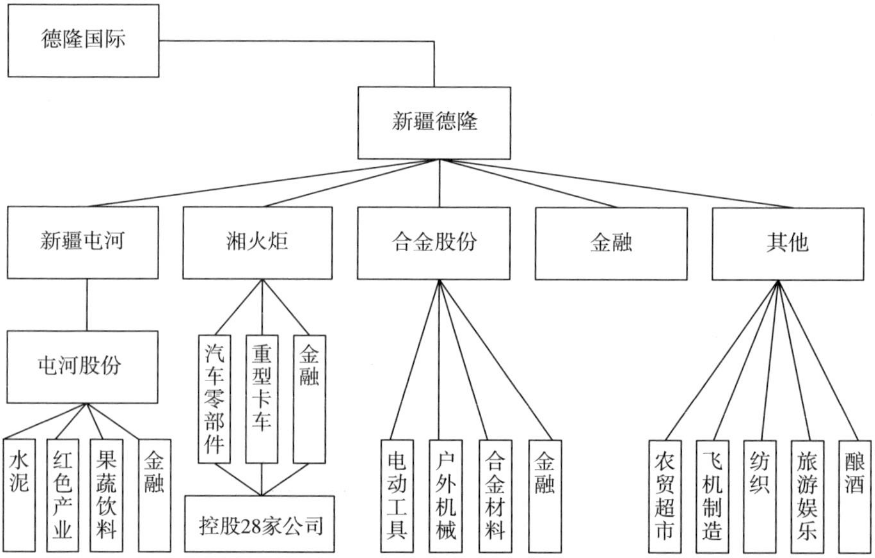

图 4.6　德隆国际业务分布

威胁：金融风险、经营风险、过度扩张风险等潜在风险众多。第一，德隆集团只是通过资本运作进入新产业，但没有有效整合企业各个产业。第二，德隆集团通过金融资本迅速扩张，没有促进产业资本并形成高效产业链，反而侵蚀产业资本。第三，德隆集团失败的最重要的原因是忽视了风险预警机制。

（4）GE 集团产融结合的 SWOT 分析

优势 1：主业助推金融发展，GE 资本得到 3A 信用评级。起初，GE 金融进行大量并购交易，同时进入保险和个人金融业务领域，这让 GE 找到了一个重要增长来源。GE 最早的金融业务始于 1905 年，当时只是一些零星的商业信贷。1933 年为应对大萧条，为帮助经销商分期促销电器产品，GE 开展消费者信贷业务。20 世纪 60 年代，银行陆续开展分期业务，面临巨大压力，GE 金融拓展业务范围，开展设备租赁业务。20 世纪 70 年代末，GE 业务趋向多样化，为各种业务产品提供专业金融服务并成立独立金融公司即 GE 资本。GE 资本成立后，GE 产业将 3A 评级转移到 GE 资本并打造其核心竞争力，获得较低的资金成本。

优势 2：产融结合模式创新，通过“全套解决方案”实现价值最大化。金融危机前，GE 产融结合模式是其成为“商业典范”的主要原因之一。GE 金融初期仅是集团的协同业务单元，为核心产业客户提供基于产品的多元化金融服务，例如 GE 商务航空、能源金融、商业贷款、租赁等。

弱势 1：GE 在大规模并购、发展金融的同时，忽视了对制造业的创新与升级。韦尔奇商业模式在借助金融扩张时，忽视技术创新，其继任者伊梅尔特更是采取激进策略扩张 GE 金融，甚至大量举债并进入商业地产权益融资领域。不同于 GE 工业部门低杠杆和稳定现金流特征，GE 资本是另外一个极端，大量进行负债融资。

弱势 2：伊梅尔特热衷交易，但并不是一个好交易员，其增加的无效资本分配，使 GE 陷入严重的财务困境。有投资银行家做过测算，伊梅尔特所进行的超过 1000 亿美元的交易所带来的收益，只相当于同期美国股指 ETF 收益的一半。换言之，如果这些资金投入到股票指数这一低风险的投资领域，GE 会获得加倍的收益。最大的一次灾难性收购，应该就是始于 2014 年，结束于 2015 年 11 月的对阿尔斯通电力业务的收购，高达106亿美元，这笔交易本是为了完善GE电力业务的产品线，并增强在联合循环发电解决方案上的技术优势。但并购完成后，随着可再生能源领域成本的急剧下降，以及全球油气行业的持续低迷，收购的制造业资产并没有产生相应收益。长期处于盈利低迷状态的阿尔斯通，在GE手中并未焕发出盈利的光彩，反而成了一个巨大的负担。全球多达四万名的高成本员工，尤其是欧洲地区的员工，面临着工会的保护，难以被解雇。应该讲，这一次，GE押错了能源行业的大趋势。这一系列因素，使得GE电力在并购完成后的利润，在2017年暴跌45%。从2018年第三季度所公布的业绩数字看，GE电力的年度订单下降18%，收入下降33%，利润下降16%，没有挽回衰颓的趋势，这成为GE业务的一大拖累，让本来就陷入严重危机的CE，更加火上浇油！

机会：抓住时代契机，大力发展金融业务，美国金融监管进入放松、自由的发展阶段。韦尔奇抓住美国金融业监管放松的契机，指出在为客户提供工业产品的同时要推行额外金融服务。1981年，里根通过减税、放松金融管制、降低通货膨胀率的政策，随后利率管制也随之放松。到了1999年，国会审议通过《1999年金融服务现代化法案》，混业经营时代来临。

威胁1：金融危机的冲击，使GE陷入市场信心危机。金融的“内在不稳定性”放大了市场波动对GE集团整体的股价影响。2008年，美国次贷危机爆发，金融的不稳定性加深市场波动，GE股价持续下跌。为了挽救形势，GE向巴菲特旗下机构发行优先股，增发120亿美元股票，发行政府担保债券，逐步降低杠杆率，减少债务融资规模，退出高风险的衍生品业务。金融危机后，美国证监会对金融类公司采取了更严苛的监管措施。此外，政府对金融业的监管态度发生转变，GE金融业务受到管控。2013年，GE和AIG（美国国际集团）两家非银行金融机构被列为SIFI，此后GE面临多方监管机构监督，GE 将面临严苛的资本和流动性要求，其金融业务成本更高，在监管趋严后难以开展。

威胁 2：GE 金融业务卷入美国房地产次贷危机，导致了巨大的流动性风险。2002—2006 年，GE 金融大力开展国际化扩张。当时各国保持着良好的经济形势，GE 的金融业务似乎蒸蒸日上。然而，2007—2008 年金融危机的爆发使得美国多家银行与非银行金融机构濒临破产，GE 也难以独善其身。在金融危机前，投资者和外界面对 GE 日益庞大的金融业务就存有一个疑问：GE 到底是一家工业公司还是金融公司？在 500 强的分类里 GE 被归为多元化金融（diversified financials），而不是工业。

威胁 3：受原有组织模式的牵制，战略的转型风险较大；在业务模式还未探索清晰前，就大举押注，而 GE 的工业企业客户，相对都比较保守，并不看好此次转型的前景。伊梅尔特称，GE 金融的资本回报率为 6%~7%，GE 工业的资本回报率为 17%~18%，所以 GE 要将重心从低回报的金融业务转到高回报的工业业务。2008 年次贷危机后，GE 强调专注工业并相继出售地产金融、零售金融和信用卡业务。2015 年，GE 仅保留和强工业关联、支撑实业发展的金融业务，如能源金融、工业金融、航空金融等服务。同时，GE 提出工业互联网战略，加大工业板块投资。

（5）华为产融结合的 SWOT 分析

产融结合只是一个充分条件，不是必要条件，具体如何选择，需要具体问题具体分析。本书就以华为为例，说明不一定对于所有具备产融结合实力的企业，产融结合都是必然选择。

优势 1：华为作为中国科技代表力量之一，有着政府的不断支持，因而有勇气和实力选择不走产融结合的道路。首先，“一带一路”倡仪路线上便有华为科技园这样的设计，在政策上，华为便具有发展的便利，便于华为进入全新的市场而免予准入门槛等竞争压力。此外，华为能够得到银行高度信任的贷款作为融资保障，这样一来，华为能获得低于市场的交易成本，在审批手续、借贷利率、借贷期限等方面得到更多宽限，符合华为在项目上发展投资的长远发展需求。

优势2：华为有着独特的内部融资方式，因此能不选或尽可能少地选择外部融资。华为将员工人力资本与企业未来发展相结合，形成员工获得股权、参与公司分红、实现公司发展目标和员工个人财富增值的良性循环。另外，内部融资不需要支付利息且能激发员工工作积极性，以采取股权激励方式，而不是以成立财务公司等形式，进行公司内部剩余资本的集中和拨划或进行投资，是一种更加深入的产业资本控制金融资本的资本结合形式。

弱势：内部融资的融资量很有限，仍需借助其他有效的融资方式。由于向员工发放的是股份而员工的收入、支出意愿均有限，如此一来，股本发行的原价便不能太高，这也是华为将发行价定为1元，后续又将股权转为期权的原因。近年来，华为最大规模的一次内部融资为70亿元，发生在2008年的金融危机时。华为公司仍需要借助其他融资方式以维持其资金上足够的支撑，以满足华为较高的研发成本及对技术不断更新的要求。华为外部融资的案例也比比皆是，如在2015年，华为取得25家银团五年期的15亿美元贷款，仅此一次的债券融资规模，便超过了最大规模的内部股权融资。此外，华为还通过不断的资产出售——主要是终端部门（如华为电气等）的出售获得资本，这样让人不得不思考，华为产融结合在融资上的实际目的，是否更多地为了激励员工、塑造企业文化等方面。

机会：精于技术创新，保持专业优势。不参与涉足基于经营动因的产融结合，华为能够一直专注于专业化发展，继续在科技企业进行业务领域拓展与创新，并始终处于领先位置。铸就员工的主人翁精神，利于长远发展。华为独特的产融结合方式能够给予长远投资项目一定的发展空间。基于集团董事长任正非的观点“股东只追求短期利益，并非均会做出合理的长远投资决策”；因而华为的内部融资方式使得企业的发展战略贯穿于华为的每一个“员工股东”中，形成高度的认同感和使命感。

威胁 1：华为的内部融资方式使其自身处于相当被动的管理局面。一是 98.4%的股份掌握在员工手中，使得员工对待利益的眼光和员工稳定性成为公司长期发展的重要维稳条件。二是不一定所有持股员工都与华为战略管理层的看法相同，即并非大家都以公司的长远发展为第一要务。三是如此一来，华为的企业文化便单纯地维系于企业的业务增长和利润分配上，这从管理角度而言，本身就非常不利。

威胁 2：电信行业竞争激烈，新兴领域开拓困难。电信行业已经成为“红海产业”，即使华为目前在市场占有量和技术上具有暂时的领先优势，但仍面临其他成熟和新兴企业的激烈竞争。如何在通信行业内进行多元化经营，持续寻找新的高增长、高利率的“蓝海市场”成为华为长远发展的关键。但是，诸如企业网和移动终端等领先的互联网商业模式，在短期内无法实现革命性的创新，也就无法成为华为的价值高点。国际市场瓶颈众多，外汇风险不可小觑，跨产业发展转型探索困难。诸如美国这样的大市场又禁止华为进入。这有可能导致华为的经营发展速度下降；此外，海外市场上所得收入所面临的汇率波动也会对实际利润产生很大影响。而在此前几十年的经营中，华为在通信及电力电子行业积累了良好的声誉与大量的优质客户资源。在已经用技术搭建好信息化金融平台的同时，如果能够设立财务公司或者直接入股其他金融企业，利用平台和客户发展投资管理、融资租赁等金融服务业务，也许跨产业发展将会给华为集团的多元化经营带来全新的商机。

4.3 我国大型企业集团产融结合存在的主要问题

本书将以前文所提及的案例分析为基础，针对传统的产融结合中可能存在的问题，从宏观统筹到具体分析，由战略层面到具体业务的阐述逻辑，进行具体的分类和分析。

4.3.1 产融结合在战略层面存在的问题

在由产而融的资本结合形式中，存在许多战略层面的问题。从产融结合过程中的短期和长期而言，问题的表现形式分别可定义为，制造类企业入主金融业后，当如何制定企业的发展战略？在金融业繁荣，利润向好之时，又当如何选择战略核心的偏移？短期内可能出现的问题是，当资本市场的资本利润率和增长水平远超其他产业时，集团公司在制定战略决策时，是否能够继续保持对原核心产业的重视与投入。若是失去了原产业的核心竞争优势，那么金融资本就无法在依托产业资本的基础上进一步发展。反面教材可参考 GE 集团，其在 20 世纪后期，出现了金融部门占据集团半壁江山，在收入、利润面上的比重之大，甚至可以将整个集团的性质划归为金融机构的范畴，这样产融结合发展过于深入、集团整体过于依赖金融部门的发展水平的情况，这才是在长远发展过程中对产融结合企业战略发展重心偏向的考验。

4.3.2 产融结合在整合过程中存在的问题

探究资产结构相关性的后续步骤，便是针对即将进行产融结合的具体资产，从整合的角度在宏观和微观两个方面分析其可能存在的问题。在企业宏观层面上，整合过程中可能存在的问题，体现在资本的结构配比上。在集团产融结合的过程中，如果金融资产占比过少，则可能无法发挥产融结合的战略作用。这是由于，金融资产对产业投资起不到应有的资本支持作用，在多元化经营方面也无法占领市场。

而在企业经营的微观层面上，整合过程中可能存在的问题，体现在业务整合方面，金融控股公司的问题主要体现在，其各子公司之间进行关联交易，必然引发金融控股公司的内部交易和利益冲突。内部交易是一把“双刃剑”，一方面可为公司发展带来协同效应，另一方面也为其风险传递提供了便捷的通道。这就需要通过制定统一的公司战略导向和业务发展模式，实现各子公司之间在投资、资金调度、业务整合、内部交易、技术共享等方面的协同效应，从而实现资源的有效配置。在采用由产到融模式的 GE 集团，和采用由融而产模式的中信集团中，都出现过负面效应的例子：在 2001 年，GE 公司在资产评估上发现 GE 金融服务部门在集团的地位已经喧宾夺主，庞大的金融服务涉及面，导致 GE 集团的发展面临工业部门发展拖累金融部门的反常局面。最终，过于庞大的金融业务遭到整合，如 B2B 电子商务部门等，未在行业内占明显竞争优势的部门被售卖剥离，26 个子部门被整合为 4 个独立的业务部门。而作为金融信托投资业起家的中信集团，由于历史原因，过度谋求范围经济，产业涉及面过于宽泛，导致没有形成专业化竞争优势，一度出现多家子公司交叉混业经营的情况。如集团内部早已存在经营房地产业务的子公司，而新控股的其他产业公司同样经营房地产业务，同一组织下，不同公司的相互竞争，直接弱化了集团的行业竞争力。由此可见，以上两个实例均存在多元化业务交叉重叠、各专业子公司功能定位不清晰甚至重复的情况，企业在进一步发展产融结合的过程中必须要针对性地防范整合过程中可能出现的各类问题。

换言之，对于纳入集团产融结合过程的新公司来说，若是产融结合发起者并没有合理研究过具体结合目的和潜在发展前景，单纯为扩大规模而盲目地持有或吞并目标公司的所有权，对目标公司的长期发展也可能是不利的，甚至可以视为因恶意收购、兼并而导致结合的失败。

4.3.3 产融结合在经营管理上存在的问题

（1）管理层面的问题

在企业结构和业务整合的基础上，需要从企业层面上的宏观和微观角度，对管理层面上可能出现的问题做出分类和分析。国内实施产融结合的方式大多是成立控股公司，控股公司具有优化产业结构、强化所有权约束、经营责任明确、减少经营风险和培养造就企业家的功能。单纯性金融控股公司的优势在于，可以提高金融资本经营的效率和战略管理能力并能减少不同业务部门之间的利益冲突，有利于最大限度地培养造就职业经理人才。但这种模式降低了规模经济和范围经济效应，削弱了利用信息优势获得协同效应的能力。虽然经营型金融控股公司内部各个部门可以共享资源，增强信息资源的流动性，发挥信息优势，实现规模经济和范围经济，但这种模式不利于各部门之间的利益协调和建立防火墙，这就增加了金融风险控制和防范的难度。

此外，在我国公司治理结构中，也存在一个主要问题——上市公司治理结构中存在所有权代表的缺位问题。我国目前的上市公司，无论是在公司董事会还是监事会中，中小投资者都没有自己的股权代表，也无法维护自己的投资权益，往往在上市公司与利益相关者的联系与博弈过程中，存在控股大股东与中小股东的利益差别与对立的情况。具体而言，管理中的问题，主要体现在开展产融结合的企业中，是否有能力获得足够多的复合型人才。如对于制造业的企业来说，开展产融结合既需要熟悉集团核心制造业务环节，同时能够分析出在该流程环节上可以进行资金集中、财务优化的内部员工；又需要认同集团多元化经营战略，认同其企业文化并熟悉金融市场规章制度的外派人才，同时他们的战略执行力度要强，管理手段或相应的管理体系也要因地制宜。

（2）产融结合在经营控制权上存在的问题

从产融结合在管理中可能出现的问题上进一步延拓，在实际经营过程中可能出现的问题，主要体现在控制和盈利两个方面。以监督部门的政策导向来看，我国商业银行、证券公司和保险公司等在产权结构上的安排上基本趋于分散持股模式，一般不允许采取绝对控股的有限责任公司或股份有限公司的模式，而只能采取相对控股的模式，如我国证券公司在股东会、董事会、监事会、高级管理层等组织设置及相关关系的界定上具有很大的随意性。由于股权分散，公司缺少一个负责任的大股东，“三会”并未起到分权制衡的作用。经济决策权主要由公司高级管理人员掌握，内部人控制十分严重，结果造成部分公司经营决策的随意性很大，经营信息不透明、投资运作不规范等种种问题的发生。对由产到融的企业控制难度与战略执行难度都是很大的挑战，而对由融而产的企业，其内部是否存在这样的弊端，在于产融结合是否会将这一经营混乱的劣势放大。

在国内，存在大量银行对企业监督约束力薄弱的现象，导致我国企业不良贷款长期居高不下，企业逃废银行债务的现象时有发生；与之对比的则是日本环形持股的产融结合方式，该模式加强了对被提供贷款的工商企业和组织的监管力度，同时由于是对组织内部成员提供融资贷款，银行也承担了对企业内其他股东的部分责任。

国内的证券公司和一些保险公司的股权也比较分散，内部人控制现象也十分严重，投资者的权益很难得到应有的保证，在一些内部人的主导下，证券公司、保险公司不断掀起增资扩股的浪潮，最初发起人的投资比例被不断稀释，一些股东在这样的无限制融资中失去了董事席位，致使董事会的股东控制权日益弱化。公司股权过度分散，助长了内部人控制的倾向，弱化了公司股东的控制力，这对企业集团的整体战略实施和公司的持续稳定经营是一个重大挑战。海尔集团在入主长江证券时虽然成为了其最大持股股东，但控股比例仅有7%，在这种监管情况复杂的环境中，产融结合主体想要达到的控制力度能否实现，将会是不可过于乐观估计的未知数。

（3）产融结合在相关性业务之间存在的问题

当集团产融结合的企业集团涉及多个产业的经营时，某一产业中发生意外事件，或者经营受挫时，很可能导致同一集团内的其他产业也受到波及，造成连带损失。如“9·11”事件，使得美国的航空运输业遭到毁灭性的打击，但对于GE集团而言，不但旗下的航空引擎部门订单大幅减少，其保险公司也被迫付出高额赔偿，而且由这一事件引发的一连串负面新闻，使得GE集团的声誉严重受损，GE集团一贯的两位数的公司年利润增长率，都遭到了投资者的怀疑，最终导致GE集团的股票整体下跌。由此可见，多元化经营的过程事实上也是容易引发多元化问题的过程。企业如何做到在各行业部门之间构建关联业务的同时，较清晰地保持各自的独立性，并统筹监察各产业潜在的问题，这将是产融结合过程中重要的一部分。要解决业务相关性问题，达到分散风险的目的，可以从保证资产组合中的资产收益具有相关性较弱的基本条件入手。

（4）产融结合在公司盈利上存在的问题

从盈利风险的角度，随着我国金融业的对外开放，政府对该行业的管制逐步放松，以致市场准入门槛的降低，金融业在竞争下原有的垄断利润将最终为市场的平均利润所取代，不具备规模优势的金融企业的生存空间将越来越小，产融结合究竟能否在多元化产业发展中对企业的盈利收入作出贡献，将会是产融结合需要面临的最重要的问题之一。以海尔高调控股鞍山信托公司后，仅一年就迅速将其股份转手而宣告退出的例子来看，海尔选择控股的鞍山信托投资、长江证券，选择境外合作的法国巴黎银行、纽约人寿保险，可能是当时海尔集团为直接进入信托、证券、投行和保险业的选择余地里能做出的最佳或者是最快捷的选择；但将目光放在整个金融机构的各个专业化领域，其所做的选择不一定是最优的，这将面临行业内其他机构的激烈竞争。若非各自领域内的龙头或者寡头，很可能在进行控股并购、资产重组的过程中遭到原有竞争对手的针对性调整，处于专业产品和技术下的弱势。此外，在实际业务经营中，如汇率利率对经营利润的影响，金融衍生品的管理等具体业务可能存在的问题也涵盖在盈利方面的问题当中。

4.4　小结

本书选取了 2008—2018 年 300 个有代表性的“由产到融”上市公司样本，分别从公司数量、行业分布、参控股情况、企业性质（国有企业、民营企业）等多维度进行了描述统计分析，揭示出我国大型企业产融结合的路径和组织模式。研究发现，我国大型企业产融结合的路径选择具有一定的规律性，从数量变化来看，呈逐年增加的态势；从组织模式的分布来看，银行、证券、财务公司和保险等是现阶段产融结合的重要模式；大部分实体企业选择以参股形式进入金融行业，国有企业多选择财务公司模式，民营企业多选择银行、证券、保险、期货模式；从行业分布的情况来看，在样本范围内几乎涉及了所有行业，而制造业、电力、煤气和水的生产和供应业以及批发和零售贸易等行业的比重更高。本书挑选了海尔集团、三菱集团、德隆集团、GE 集团、华为公司 5 个国内外典型案例进行 SWOT 分析。分析表明，海尔集团的产融结合优势有国家政策支持、主业实力和金融资本优势互补，劣势主要为进军金融行业时间短，涉猎广，任务重，人才缺。三菱集团的产融结合优势主要有互相持股致使产融交流更加便利、通畅、透明；劣势主要有产融结合过于深入，放大了系统性风险。德隆集团的产融结合优势主要有借助产融结合，抢占市场资源，劣势主要为没有通过融资链、债务链形成产业链提升价值链。GE 集团的产融结合优势主要有借助产融结合，实行快速资本扩张，劣势为金融危机后，美国证监会对金融类公司采取了更严苛的监管措施。综上所述，大型企业集团产融结合水平取决于产融结合模式与企业自身发展模式的耦合关系，产融结合对企业的发展既起到了促进作用，同时也会加大企业经营风险。

第 5 章　我国大型企业集团产融共生进程研究

本书主要研究我国大型企业产融共生的进程。首先分析了在产融共生视角下的微观企业产融结合的理论基础与推动因素，包括企业的相关多元化理论、规模经济理论等，资本的内在特性、市场经济的不断深化等诸多客观因素共同推动微观企业产融结合向产融共生状态发展。“产融共生”状态可分为“产融共生初级阶段”“产融共生中级阶段”“产融共生高级阶段”。

5.1　在产融共生视角下的微观企业产融结合的理论基础与推动因素

（1）相关多角化发展战略理论

相关多角化发展战略包含协同效应理论、核心能力理论和战略资产理论三个阶段，是指企业采取在多个相关产业领域中谋求扩大规模、获取市场、创造效益的管理战略。协同效应理论以外部分析为主，不仅考虑产品市场份额增长，更强调企业在各个产业中的协同作用和扩张后业务关联性。该效应存在共享成本，但成本降低和产品差异化足以覆盖共享成本，进而形成企业竞争优势。核心能力理论侧重企业内部的能力研究。该理论认为企业是能力集合体，而建立长期竞争优势是获得核心能力的根本战略，这决定企业发展的深度和广度，也是获得超额收益的基础。战略性资产是指企业的特殊资源，其难以复制并不可替代，与其他企业资源形成互补并带来超额收益，是持续竞争力的源泉。如该资产恰是产业关键战略要素时，企业可实现跨越式发展。企业实行多角化发展战略，即发挥多种战略性资产的核心能力和协同效应，获得利润增长，取得竞争优势。相关多角化发展战略在金融领域应用广泛，银行、证券公司等金融机构根据协同效应理论在业内，甚至全球进行并购整合。依据战略资产理论，金融机构积极进行业务扩展并开始混业经营。参照核心能力理论，金融机构凭借金融专业优势涉足投行领域，与企业开展投资合作。正是有了这些理论作为基础，才使得微观企业产融结合向产融共生状态发展。

（2）规模经济理论

规模经济理论核心观点是产业规模化会大幅降低单位产品成本，资本扩张是规模经济的重要实现方式。然而全球化不断深入，管理、信息与制造技术共享，企业加大研发投入，规模经济起点逐渐提高，这客观上要求实业和金融部门的资本不断集中，企业开始向集团化发展。依据该理论，金融机构与企业可以利用多样化经营来获得规模和范围经济，在降低成本的同时分散经营风险，而金融和产业资本的产融结合恰恰可以达到这种效果。

（3）资本的内在特性推动微观企业产融结合向产融共生状态发展

产业资本与金融资本之所以不满足于单一企业内部的结合，而转向更为宏观更高层面的融合（共生），其根源就是由资本的本质特性使然。首先，资本的逐利性会不断让企业脱离原资本运作范围并向外延伸寻求新资本，通过资本并购、渗透等方式，扩大产业运作空间，这就产生了产业与金融资本的共生共荣，最终实现产业资本增值，包括有形的投资收益，甚至获得商誉、形象、知名度等无形资产。其次，为适应市场经济新竞争环境，资本必然要求企业突破原有运作壁垒，扩张渗透至各产业领域，扩展资本运作范围。资本的本性使产业与金融的融合成为必然，其不会满足单个企业内部结合，最终会转入更高层面的结合达到产融共生的状态。

（4）市场经济的不断深化推动微观企业产融结合向产融共生状态发展

根据现有文献，产融共生和产融结合的基本理论具有同源性，产融共生是微观主体进行产融结合的评价体系，是站在整个生态圈对每个微观主体的产融结合好坏及路径选择进行科学评价。产融共生的出现源于产业资本的金融化得以确立，产业资本和金融资本的融合过程使金融机制的作用更加凸显，并且通过金融机制反作用于产业的发展，增进了资本的使用效率。产融结合的本质是借贷关系转化为产业和金融资本相互融合的内在关系，降低交易成本，形成协同效应。相比而言，产融共生理论的市场性特征更加显著，且该理论基础来自企业在生产实践活动中为获得资本的边际效益最大化而自觉地使用金融机制，以提高金融资本的使用效率。

（5）在产融共生视角下的微观企业产融结合的客观基础

生产要素的资本化是推动微观企业产融结合向产融共生状态发展的动力源泉。市场经济的发展表明，企业要成为市场主体，开展有效的资本活动，就必须使企业的生产要素资本化，从而使企业本身成为资本存在和运动的载体，只有这样，才能积极有效地实现资本的增值性、趋利性、竞争性、多样性等特性。生产要素资本化后，通过资本的循环与周转，就可以在运动中实现增值，微观企业产融结合向产融共生状态发展才有可能实现。

经济发展状况是推动微观企业产融结合向产融共生状态发展的物质保证。经济发展水平的高低直接决定了社会总财富的多寡，也就限定了微观企业产融结合向产融共生状态发展。当然，推动微观企业产融结合向产融共生状态发展的程度既由经济发展水平决定，又会影响经济的发展水平，二者可以实现良性互动。信息技术的突飞猛进是产融结合迈向产融共生的媒介保障。信息技术的发展、金融电子化的普及、金融创新的日新月异，为产业资本与金融资本间的合作和交易提供了诸多便利与发展空间。

5.2 我国大型企业集团产融共生阶段分析

事物是不断发展、广泛联系的，产融共生和产融结合的基本理论具有同源性。产融共生是微观主体进行产融结合的评价体系，是站在整个生态圈对每个微观主体的产融共生效率及路径选择进行科学评价。本节描绘了产融共生的进程，从构成方式看，三个阶段的“产融共生”具有不同的结构状态。本书认为，从产融结合到产融共生的演变一共分为三个阶段。目前我国产融共生初级、中级、高级阶段共存，多处于初级阶段，逐步进入中级阶段的同时已存在高级阶段萌芽。

5.2.1 我国大型企业产融共生初级阶段

“产融共生初级阶段”是银行选取多个企业集团的“A+B”模式，即A作为资金提供方，向B资金需求方提供综合性的融资等解决方案。商业银行是“产融共生”的主体，“产融共生”的参与各方与银行之间是资金的借贷关系。在产融共生的初级阶段，银行等资金提供方首先会运用一定的信用评级模型，对每个贷款企业的信用情况进行系统分析，然后根据评级结果给出一定的授信额度。在这一阶段，银行等资金提供方为多个独立的企业个体提供相应的金融服务。

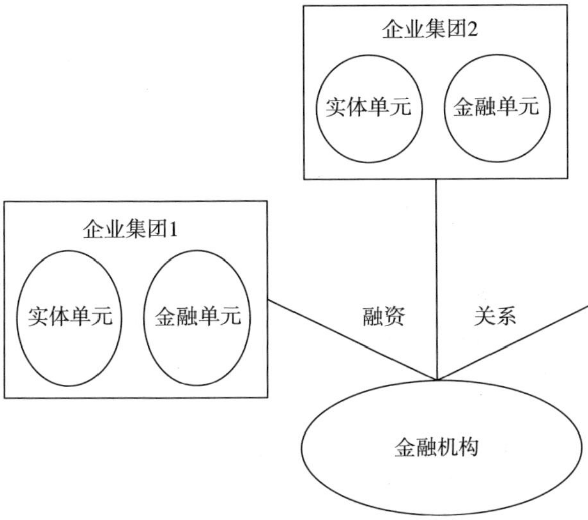

图 5.1　“产融共生初级阶段”的网络结构

但是“产融共生初级阶段”存在缺陷，首先，资金的供给方和使用方二者存在严重的信息不对称，银行作为资金的供给方，无法获知真实的企业运作信息，加剧了金融风险的发生。其次，产融共生本身是一种产业和金融的合作过程，如果企业互不干扰，缺乏合作，产融共生就失去了意义。正因为如此，随着时间的推移，产生了“产融共生中级阶段”。

5.2.2　我国大型企业产融共生中级阶段

“产融共生中级阶段”是在“以核心企业为龙头的供应链体系”基础上升级为信用体系—生态体系，促进了全链条资金与负债精益配置。信用体系促进全链条运营效率的提高，使核心企业与上下游企业间建立敏捷合作关系。信用来源多样化，除了核心企业，还来自生态圈中的其他企业。产融共生生态链中管理垂直化、业务闭合化、交易信息化、收入自偿化和风险结构化是企业真正的信用来源。

“产融共生中级阶段”在“以核心企业为龙头的供应链体系”基础上升级为信用体系—生态体系。促进了全链条资金与负债精益配置。信用体系促进提高全链条运营效率，使核心企业与上下游企业间建立敏捷合作关系。这符合国务院关于产融结合核心企业作为信用评级中心的金融服务创新的方向。

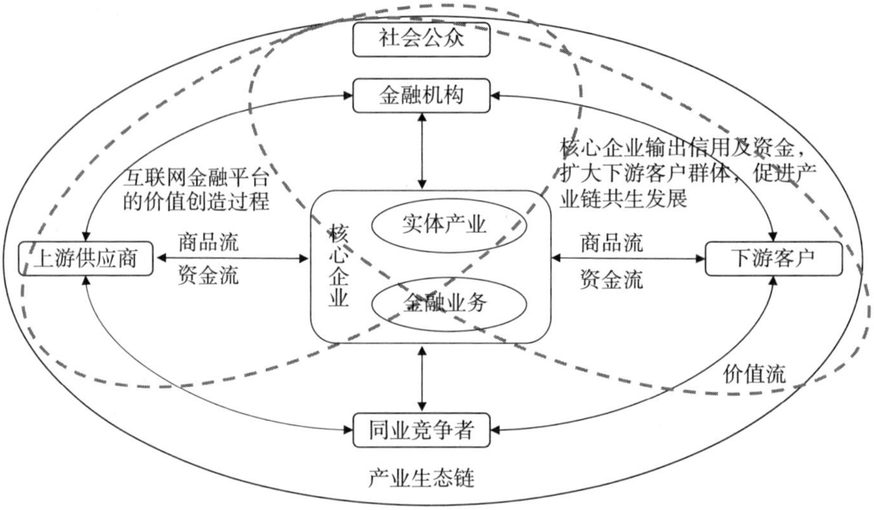

图 5.2 “产融共生中级阶段”的网络结构

在“产融共生中级阶段”，金融服务的提供者除了银行，还包括产业生态圈中的其他参与者。在“产融共生中级阶段”，核心企业处于产业生态圈中的“结构洞”。Burt（1998）认为，“结构洞”是指社会网络中的空隙，处于“结构洞”的企业就如同扮演着整个产业生态圈的中枢神经，具有多方面的优势，包括信息优势、控制优势等，并能从中获益。引用 Burt（1998）“结构洞”的观点，在“产融共生初级阶段”，各方的关系相当于处于信息链的“单行道”上，产融共生的企业可以通过银行以商品换取资金，或者以资金换取商品。但是，在“产融共生中级阶段”，各方的关系相当于利用“产融共生”搭建起了沟通网络。

5.2.3　我国大型企业产融共生高级阶段

得益于互联网的高速发展，大数据时代来临，信息不对称问题因此得到了缓解，信息获取与处理的速度和成本也大大降低，“产融共生高级阶段”得以实现。所以，“产融共生高级阶段”能够批量化处理各种金融服务需求，同时能够从更多维度，动态评估企业的真实情况和风险信息，在平台建设上搭建了跨部门、跨区域、跨条线，与政府、企业、行业协会等广结联盟，物联网和互联网相融合的产业生态圈和金融生态平台。产融共生的价值来自各参与方的共同贡献，最终通过金融资源的优化配置，增强产业生态圈的功能，同时又通过产业生态圈使得金融资源实现增值。

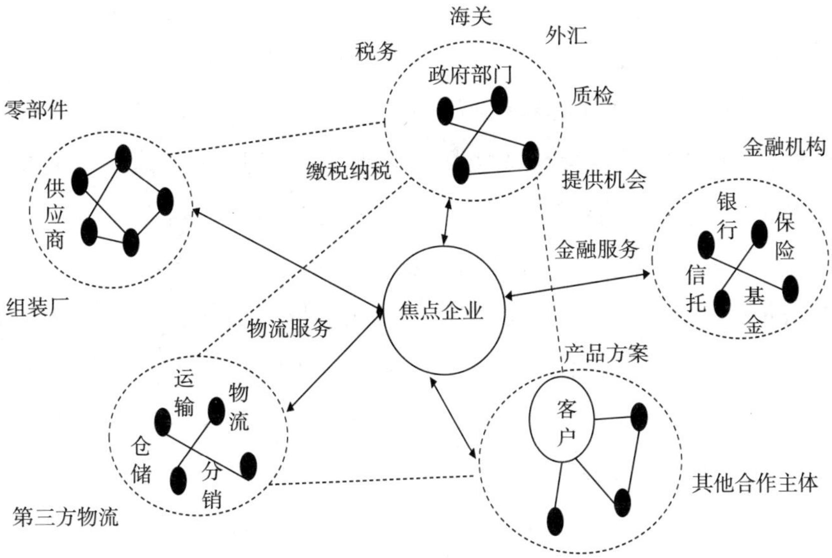

图 5.3　“产融共生高级阶段”的网络结构

5.3 产融共生各个阶段的关键因素

5.3.1 产融共生各个阶段的不同参与方及角色关系

产融共生的业务流程涉及产融共生生态圈中的各个成员之间是如何连接的，它决定了不同连接过程中如何有效地分配稀缺资源的方式。从产融共生的流程管理看，产融共生初级阶段的服务主体——商业银行只强调对被贷款企业的资金流状况的监控，关注融资企业资金使用的目的、使用的过程和效果，确保资金能准时收回。对于产融共生生态圈中的其他流程，诸如产融共生生态圈中的能力管理、需求管理、客户关系管理、采购与供应商管理、服务传递管理等则缺乏关注，因为商业银行只是通过评估各个企业的信用为其进行融资，因此，商业银行与产融共生生态圈中所有参与方之间以及产融共生生态圈中参与者之间只有典型的序列依存关系。企业之间往往存在着三种形式的依存关系，即池依存（pooled interdependence）、序列依存（sequential interdependence）和相互依存（reciprocal interdependence）。序列依存是一种次序性的关系，前一个环节的产出是后一个环节的投入，相互形成了前后依存关系。而商业银行和产融共生生态圈中的参与者分别作为资金的投入者和资金的消耗者，两者是点对点的对接关系，没有考虑产融共生生态圈的整个运作流程。因此，商业银行对于产融共生生态圈的资金流的管理难以渗透到产融共生生态圈的整体业务运行的过程中。

而在“产融共生中级阶段”，流程管理开始复杂化。这时产融共生生态圈中的金融服务的提供主体从商业银行变为产融共生生态圈中的核心企业。由于焦点企业本身就是嵌入在产融共生生态圈的运营网络中，因此对于产融共生生态圈中的运作流程和信息能够全面把握。为了全面掌握产融共生生态圈中的参与者，特别是资金需求方的状况和能力，核心企业需要全方位地管理产融共生生态圈中的各个流程，包括参与企业的能力、经营计划、采购计划、生产计划、分销计划、退货以及各种保障流程和措施，因此，其管理的流程呈现出多维的特点。另外，为了确保融资能够获利并且能够最大限度地控制融资风险，核心企业还会促成各个业务在不同流程之间进行频繁互动，由此产生更多的结构化信息并能够在反复的交互中发现运营中的问题。因此，在“产融共生中级阶段”，核心企业与产融共生生态圈中的其他成员之间形成了序列依存关系和相互依存关系。相互依存是一种更为复杂的关系体系。它是指一个主体的投入是另一个主体的产出，反之亦然，它们之间互相影响，互相作用，从而形成了高度复杂的交互式的关系。

到了“产融共生高级阶段”，由于其网络结构呈现出平台化、高度关联化的特征，因而管理流程也呈现出既高度复杂又互动化的特点。焦点企业需要进行横向价值链流程、纵向价值链流程以及空间价值链流程的全方位流程管理。横向价值链是所有在一组相互平行的纵向价值链上处于同等地位的企业间的内在有机联系，横向价值链如果能够有机集聚，就会形成良好的产业内部分工，形成有序集群。纵向价值链将企业、供应商和顾客都分别视作一个整体，它们之间通过上述的各种联系构成一种链条关系，这种链条关系可以向上延伸至原材料的最初生产者（或供应者），也可以向下延伸到产品的最终用户，纵向强化上下游之间的协同和互动。空间价值链跨越了单一地区，不仅在行业内部，以及上下游之间形成有机结合，而且能与其他地区形成有机整合，真正形成了生态圈。横向、纵向以及空间价值链之间的交互，形成了价值网，不但拓宽了焦点企业的信息来源渠道，而且增加了焦点企业提供额外服务的空间，为产融共生生态圈中各个企业的业务发展开辟了市场。因此，在这一阶段焦点企业与所有的产融共生生态圈中各个参与者之间不仅存在着序列依存和相互依存，而且还存在着池依存。池依存关系指的是群体中的个体都能为既定的任务作出细微的积极贡献，也就是说，这种贡献是由松耦合的组织作出，从某种意义上讲，组织之间的关系趋向于相对独立。如此一来，池依存中的企业能够更好地获得多样化的知识，并且相互之间通过产品和服务直接或间接交换知识。另外，由于组织间关系趋向于松耦合，较容易通过采用新的技术和模式来寻求利益和发展，从而带来更多的网络外部性。

5.3.2 产融共生各个阶段的关注要点

在“产融共生初级阶段”，银行作为核心企业，控制和降低运营中的风险，银行强调对与借款相关的应收账款、库存和预付款的把控。这些业务的管理核心是保证账款的真实性、保全性和价值性。该阶段的核心企业对于信息流的掌握不够深入，只是强调通过信息化手段去及时掌握业务相关抵押物的状态以及企业资金运用和偿还的情况。

在“产融共生中级阶段”，由于核心企业参与了整个产业生态圈的运作，因此能够把握产业生态圈中的交易结构和运营情况，也更了解产业生态圈各参与者的资金需求情况和企业的能力，由此不仅能够通过结构化的运营信息来为融资服务提供决策支持，还有丰富的社会化关系信息为决策提供辅助支撑。因为该阶段产融共生强调流动中的信息流，即基于真正贸易的商流和物流，因此，核心企业非常重视信息流，强调及时、准确地掌握供产业生态圈的物流以及商流信息。

在“产融共生高级阶段”，服务提供商立足于产业打造了一个生态平台，平台不仅是交易场所也是资源配置场所，焦点企业能够通过基于互联网的生态平台了解整个生态圈的交易结构和交易关系。平台成为产业交易的信息汇集中心，由于互联网、物联网等技术的进一步扩展使用，信息来源渠道也得到了极大的扩展。该阶段的焦点企业运用大数据技术和云计算技术等无形的资源要素来刻画供应链网络的状态和活动，由此控制金融业务的风险和寻找新的业务市场。

5.4　小结

本书将产融共生的研究由微观企业的产融结合延伸到产业链及至整个经济环境角度下的生态圈中，从企业视角推演到从组织生态学角度的资源配置，试图找出在供给侧结构性改革的宏观环境下，企业如何进行产融结合，为生态圈的产融共生做贡献，为金融支持实体经济发展提供可行的方案。研究产融共生发展的演化过程，本书提出了产融共生的阶段性特征与经验决策规则。本书运用相关多角化发展战略理论、规模经济理论、“结构洞”理论的基本原理，从宏观的角度评判经济社会中产业金融产融共生的状态，并将产融共生划分为“初级阶段”“中级阶段”“高级阶段”，各个阶段由低级到高级是一个不断演进、动态变化的过程。本书阐释了每个阶段的不同特点和参与方的关注点及互相之间的关系。同时给出产融共生的前提和基础条件。目前我国产融共生初级、中级、高级阶段共存，多处于初级阶段，逐步进入中级阶段的同时已存在高级阶段萌芽。

在对产融共生的定义中指出，产融共生是基于顾客价值创造和实体产业与金融产业之间跨领域价值网高效合作的新形态，关注如何创造合作价值，实现产融共生与共创，帮助组织在数字化时代获得成长。它不是局限于核心企业自我价值的提升，而是带来相关产业生态圈的重塑和价值创造。它是在产融结合的基础上，通过机制创新、模式创新实现产业生态链的成长与优化。在产融共生系统中，金融活动成为核心企业价值链的重要环节，是企业核心价值提升的驱动力，同时将更多的相关主体纳入价值创造的过程，从而成为生态链价值提升的驱动因素。产融共生企业的绩效影响因素由内部转向了外部，企业不再是一个独立存在的个体，而是产业生态圈的一个环节。

第6章 我国大型企业产融共生效率评价研究

本书第3章着重从定性方面阐释了我国大型企业产融结合发展现状，以及发展过程中存在的诸多问题。在第4章，讨论了我国大型企业集团产融共生的进程。本书以某大型风电制造企业为例，首先通过分析该企业产融结合的具体特点，运用五力模型分析该企业所在的产融共生产业生态圈的竞争环境，运用层次分析法确定方案层要素即各个评价指标；通过设计调查问卷，得到各个评价指标的权重排序，进而构建一套适合于该企业产融共生效率的评价体系，并对该企业产融共生效率进行了论证。通过分析发现，影响该企业产融共生效率的因素包括：整个产业生态圈效率、各参与方效率、核心企业主营业务板块效率、核心企业实体部门效率、核心企业资金管理效率、核心企业风险管理效率，其中最主要的影响因素是核心企业资金管理效率。

6.1 我国大型企业产融共生效率评价体系构建

无论是哪个阶段的产融共生，产业生态圈的构成无论是简单还是复杂，都是围绕核心企业，通过对物流、信息流和资金流的控制，从采购原材料开始，到制成中间产品以及最终产品，最后由销售网络把产品送到消费者手中的，将供应商、制造商、分销商、零售商、直到最终用户连成一个整体的介于市场和企业之间的网状组织结构。因此，要完整评价一个高度集成化的产融共生生态圈的绩效，必须进行产融共生产业生态圈整体绩效评价、核心企业绩效评价、上游企业绩效评价及下游企业绩效评价。以我国某大型风电企业所处的产融共生产业生态圈为例，G 企业作为核心企业，在这个产融共生产业生态圈中处于结构洞的地位，发挥着主导作用。因此，G 企业的产融共生效率的绩效评价从产业生态圈的整体角度和核心企业角度进行评价指标的确定。首先，根据波特五力模型（Michael Porter's Five Forces Model）对企业竞争战略的分析，可以有效地分析 G 企业所在的产融共生产业生态圈的竞争环境。五力分别是：上游供应商的议价能力、下游运营商的议价能力、潜在竞争者进入的能力、替代品的替代能力、行业内竞争者现在的竞争能力。五种力量的不同组合变化最终影响行业利润潜力变化。G 企业所在的产融共生产业生态圈要素包括：供应商（例如磁钢供应商 A 公司）、整机制造商（B 公司）、仓库、配送、物流、运营商（例如子公司 C）。结合波特五力模型分析，得出在产融共生产业生态圈整体视角下，G 企业的产融共生效率的绩效评价体系准则层包括：整个供应链、供应商、制造商、仓库配送物流、运营商。

其次，核心企业（G 企业）视角下，G 企业产融共生效率评价的本质是企业绩效评价。根据《企业效绩评价操作细则（修订版）》中，企业效绩评价指标包括：财务效益状况、资产营运状况、偿债能力状况、发展能力状况。评议指标包括：经营者基本素质、产品市场占有能力（服务满意度）、基础管理水平、发展创新能力、经营发展战略、在岗员工素质、技术装备更新水平（服务硬环境）、综合社会贡献。

其中，财务效益状况、资产营运状况、偿债能力状况、发展能力状况属于核心企业资金管理范畴；经营者基本素质、基础管理水平、发展创新能力、经营发展战略、在岗员工素质、技术装备更新水平（服务硬环境）属于企业运营管理范畴，本质是核心企业各个主营业务板块和各个实体部门的管理，以及对企业经营风险的管理。G 企业所在的产融共生产业生态圈中，企业内部的组织契约、信任和信息以及产业生态圈成员企业间的交易契约、信任和信息进行的管理是 G 企业所在的产融共生产业生态圈的核心。由于核心企业不可能对其供应商和顾客内部的组织契约、信任水平和信息沟通与交流进行管理，且根据“二八原理”，产融共生产业生态圈的核心企业在交易契约的签订、信任关系的培养和信息的沟通方面不可能同等对待所有现有顾客和所有现有供应商，而是主要针对重要的顾客和重要的供应商。G 企业产融共生绩效评价的实质是指核心企业对其内部的组织契约、信任和信息的管理效率和效果进行的评价，以及核心企业与主要供应商和主要运营商间的交易契约、信任和信息的管理效率和效果进行的评价。核心企业产品市场占有能力（服务满意度）的本质是核心企业与上游供应商和下游运营商的关系。因此，在核心企业视角下 G 企业产融共生的绩效评价体系准则层包括：上游供应商、核心企业主营业务板块、核心企业实体部门、核心企业资金管理效率、核心企业风险管理效率、下游运营商。

通过 G 企业视角分析 G 企业所在的产融共生产业生态圈的具体特点，构建出包括供应链、供应商、制造商、仓库、配送、物流、运营商、上游供应商、核心企业主营业务板块、核心企业实体部门、核心企业资金管理效率、核心企业风险管理效率、下游运营商在内的适合于 G 企业产融共生的评价体系，计算得到各要素的综合评价结果，最终得出对 G 企业产融共生的总体综合评价。

6.2 大型企业产融共生效率评价实证研究——以G企业集团为例

本书首先对G企业产融共生效率评价体系的构成进行分析，构造层次模型，方案层要素为各个评价指标，如图6.1所示。

G企业借助企业自身信用实力或单笔交易的自偿程度与货物流通价值，为所在供应链的上下游单个企业或上下游多个企业提供全面的金融服务。

G企业所在的产融共生产业生态圈，对企业自身发展有着不可忽视的作用，并且对风电产业整个供应链的发展产生了深远的影响。从风电产业的整个产业生态圈的角度看，G企业所在的产融共生产业生态圈，覆盖G企业的上游供应商、制造商、下游运营商、物流服务商等，是风电产业供应链的缩影。从核心企业（G企业）的角度看，G企业所在的产融共生产业生态圈对核心企业（G企业）的供应商管理效率、运营商管理效率、资金管理效率、风险管理效率、质量管理效率等方面，有积极或消极的作用；对核心企业（G企业）各业务板块间联动、各职能部门间联动，也有积极或消极的作用。问卷题项设置为G企业的供应链金融模式对各个指标均有积极作用，选A非常同意得2分，选B基本同意得1分，选C不清楚得0分，选D基本不同意得-8分，选E非常不同意得-10分，力求通过问卷调查，筛选出有积极作用的指标和有消极作用的指标。

收集专家数据计算排序权重。G企业产融共生模式评价指标体系复杂，要素多达56项，所以生成AHP调查问卷，向专家分发，专家经过讨论后，得出各个评价指标赋予均等权重。

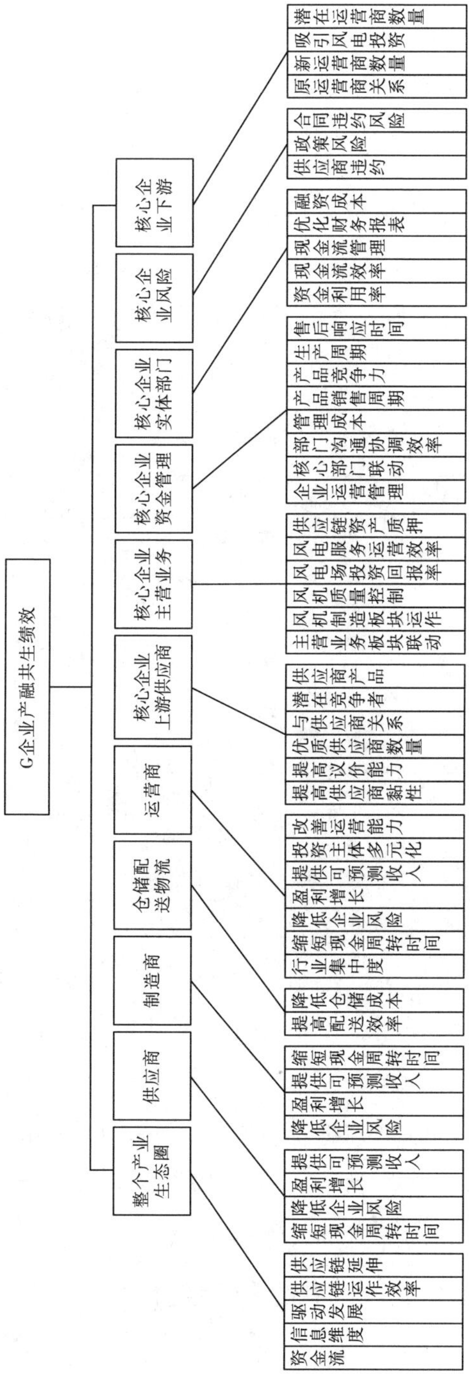

图6.1　G企业产融共生效率评价体系

6.3 G企业产融共生效率评价结果分析

将G企业产融结合绩效评价问卷分发给各个评测人，评测人用Excel打开该文件将被测对象评测数据填入评测表。回收评测表后，导入所有的评测问卷。得出G企业产融共生绩效评价的综合评价分值，如表6.1所示。

表6.1 问卷测评结果

得分（分）	指标数量（项）	对应评价指标	等级评价
10	1	核心企业资金管理	有非常积极作用
8	9	整个产业生态圈	有一定积极作用
7	14	核心企业主营业务板块	
6	8	核心企业风险管理	
5	10	核心企业实体部门	
4	10	制造商	
3	1	运营商	
-4	1	供应商	有一定消极作用
-7	1	仓储、配送、物流	有非常消极作用

调查问卷的结果显示，影响G企业产融共生效率的因素包含整个产业生态圈效率的好坏、各参与方效率的好坏（供应商、制造商、仓库、配送、物流、运营商、上游供应商、下游运营商）、核心企业主营业务板块效率的好坏、核心企业实体部门效率的好坏、核心企业资金管理效率的好坏、核心企业风险管理效率的好坏。其中，最主要的影响因素是核心企业资金管理效率。因此，本书将从定量的角度分析我国大型企业产融共生的资金有效性问题，并给出评价标准。

6.4 产融共生体系的资金管理效率评价

资金空转是导致金融风险的主要原因。企业管理者对资金的有效管理，实现资金的有效性，必须时刻避免防范化解金融风险，避免资金空转、脱实向虚。坚持金融为实体经济服务，坚持“以产定融，以融促产，产融结合，服务主业”。

现在从事产融共生的过程中，企业管理者必须决定资金持有的形态和规模。所谓现金持有量管理，是指资金管理者系统把控企业每个时点的现金持有量。统筹考虑现金的安全性、流动性和收益性特征，并在这三个“矛盾统一体”中找到一个均衡点，使得资金在兼顾安全性和流动性的同时，保证较好的收益性。

在现金持有量管理的理论研究方面，代表性理论包括优序融资理论、权衡理论和代理理论。权衡理论认为，现金持有量管理应关注企业持有现金的边际成本曲线和边际收益曲线的交点，在方法上可利用现金库存模型、投资组合模型、成本—收益模型等侧面反映企业现金持有量管理的水平。Miller 和 Orr（1966）、Opler 等（1999）、Baum 等（2005，2008）将持有现金的收益和成本进一步细分并进行讨论。权衡理论认为，公司特征、管理水平以及企业绩效等都会影响企业的现金持有决策。Tiago（2018）选取了 23 个发展中国家的企业数据，结果显示，外资机构投资者持股与公司现金持有量负相关。Couderc（2006）的研究结果表明，相较于交易成本模型，考虑了公司治理和代理成本因素的管理层机会主义模型，能够更好地解释公司持有现金的实际动机。

优序融资理论的相关文献认为企业现金流是企业效益和融资约束之间的 liquidity buffer（Hubbard，1998；Myers 等，2011；Opler

等，1999；Hansen，1999；Phan H，2019）。优序融资理论认为由于投资者和企业之间认识成本的存在，导致市场出现“逆向选择”（adverse selection）问题。因此，企业筹资驱动始于内部资金，逐步转向外部资金。

委托代理理论认为，考虑到现代公司制度所有权和管理权相互分离，管理者通常会根据自身效益最大化的原则，倾向于持有较多的现金（Ferreira 和 Vilela，2004；Kusnadi 等，2015；Feng 和 Rao，2018；Aktas 等，2018；郑培培，2018）。以便于抓住好的投资机会。因此，企业持有现金的增加，具有增加产品市场业绩的战略效应。除此之外，杨兴全等（2016）选取 2003—2012 年沪深 A 股上市公司为样本，研究行业成长性与公司现金持有水平的关系。研究表明，成长性行业的公司现金量更多，以满足占优投资的资金需求，最终实现了竞争效应。吴昊旻和谢广霞（2015）同样是基于沪深 A 股上市公司数据，发现我国上市公司现金持有的价值效应因融资约束得到了增强。孙进军和顾乃康（2012）从动态渐变的角度出发，发现增加现金持有量对企业的市场进程以及战略效应都具有积极的作用。周新军（2006）、彭桃英和周伟（2006）也是基于委托代理理论对影响现金持有量的因素进行了说明。

6.4.1 标准现金持有量估计的理论依据

关于现金持量的测度及其影响因素方面的研究，可大致分为从微观企业的角度，从中观行业的角度以及从宏观经济环境的角度。关于微观角度的研究文献有，张启望（2016）指出最优现金持有量是一个用现金持有量的均值和方差界定的有效区间，当其波动超过有效区间时，将损坏企业的绩效。因此，通过对现金持有量不同维度指标的有效控制，可降低现金持有成本。Opler 等（1999）、彭桃英和周伟（2006）、连玉君等（2010）的研究表明，公司会在权衡现金持有利弊的基础上确定现金持有量，融资约束是影响现金持有行为的重要因素。在公司股权对现金持有量的影响方面，杨兴全和尹兴强（2018）选取我国 A 股 2003—2015 年国有上市公司数据，研究表明股权融合度与现金持有水平正相关，控制权转移在优化现金持有行为的同时也明显提升了企业价值。黄冰冰和马元驹（2018）的研究表明，股权集中度和现金持有呈倒“U”形关系。辛宇和徐莉萍（2006）研究公司的财务状况、股权结构及治理环境等因素对现金持有水平的影响。除此之外，王彦超和王语嫣（2018）的研究表明，重大债务诉讼与企业现金持有量正相关。由于重大债务诉讼导致信用借款萎缩，抑制主营业务增长，企业不得不提高现金持有量水平，以改善资产流动性。马忠等（2018）基于研究表明，子公司多元化可以降低上市公司的现金持有水平。

上述研究都是在单个公司框架下进行的，都假设公司间的财务决策彼此独立，这显然存在很大的局限性。

近年来，学者们逐渐将研究的焦点转向行业差异和宏观环境方面。他们各自从不同的角度出发，搜集相关数据，利用不同的统计分析方法，构建分析模型，最终得到了不同甚至相反的结论。杨兴全和吴昊旻（2009）选取 2001—2006 年我国 A 股上市公司的财务数据，研究行业特征、产品市场竞争对公司现金持有量的影响；研究表明，产品市场竞争和独特性程度与公司现金持有量正相关；苏冬蔚和曾海舰（2009）利用非线性计量模型探究企业的现金持有行为，结果表明，公司对股权融资和债权融资不存在非此即彼的偏好，宏观经济状况是影响公司资本结构和流动性管理的主要因素。江龙和刘笑松（2011）发现企业现金持有水平和宏观经济形势的优劣成正比关系。相反地，肖明等（2013）研究发现公司现金持有水平和经济周期负相关，和货币政策正相关。他们利用考虑宏观因素的现金持有量动态模型——DGMM 模型，研究了二者之间的内在关联，在检验方法上选用了自相关性检验法、Sargan 检验法等。连玉君等（2011）从行业角度出发研究公司的现金持有量，结果表明现金持有水平在不同行业间具有显著的离散性，在同行业内部具有高度的聚拢性，他们在模型的选择上，运用了普通最小二乘法模型、固定效应模型和系统 GMM 模型；在检验方法上运用了 Kruskal-Wallis H 非参数检验法、费希尔精确概率检验法等一系列统计建模及统计检验方法对参数进行估计和检验。

综上所述，国内外学者对企业现金持有量方面的研究比较丰富，然而这类文献关于企业现金流管理的研究大多是理论层面和总体层面的，研究结果的实用性尚待加强。本书进一步发现，这种“大而广之”的研究方法不可避免地忽略了不同行业间的差异性，以及相同行业不同企业间的经营习惯和管理模式的差异。若从时间上将现金持有量分为年均、月均、日均三个维度，其精确度也逐渐递进，但绝大多数现有文献限于数据的缺失，都停留在对年均现金持有量的研究层面。另外，关于现金持有量理论研究的可操作性和模型的适用性还存在很多可探讨研究的方面。例如，针对某一特定的企业而言，上述各类已通过统计检验的模型实用性较差，模型的偏差无法及时调整等。

本书正是在这样的背景下展开研究，主要侧重于模型的应用效果度量方面，借鉴国内外现有的研究成果，并加以创新，本书的标准现金持有量指的是，在外部环境因素不发生剧烈变动的情况下，微观企业在一定时间跨度范围内的最小现金余额的平均值。本书的创新点如下：第一，立足于微观企业主体，首次提出从日均的角度研究企业现金持有量管理方法，使研究的颗粒度更加细化，弥补了现有文献的不足，丰富了现有关于现金流管理的研究成果。第二，首次提出将现金日记账与统计的理论模型相结合，研究企业现金流管理的问题。这样做的好处，一是操作简便易懂，可行性强；二是从企业的现金日记账角度出发，综合考虑了现金持有量的过去值、当前值和误差值，使得模型的拟合效果更具说服力；三是从现金日记账的角度出发，更加实际客观，使统计理论得到了很好的落地。最后在实证研究部分，选取某大型风电企业——G 企业集团近三年的财务数据为样本进行分析。G 企业集团的风机制造产品、销售、服务以及品牌等方面的情况能够较好地反映中国风电行业的特征，是我国风电行业的缩影，用它作为一个代表来研究影响我国风电企业现金持有量管理的因素，具有典型性和可推广意义。因此，本书研究思路和方法也适用于国内其他企业。

6.4.2　基于现金日记账的企业现金流管理的测度方法

考虑到企业的现金活动不仅在其财务报表中体现，在其现金日记账中也有体现，并且和财务报表相比，后者对企业现金活动和结存余量的反映更加具体、细致。因此，本书从现金日记账的角度出发，推演出这个理论上存在的合理现金持有量这一变量。本书将推算原则定为，企业的现金流管理的最低标准应至少使每日的现金流不出现断裂，不产生财务风险。假设期初余额为 A_{t0}，即为保证计算期内任意一天的现金余额不出现负值的最小期初值，但必须指出的是，在实际操作过程中，往往根据企业的实际情况，企业可以根据资金计划提前准备备付，这种操作的目的是企业为了追求标准现金持有量的值尽可能小，尽可能激活闲置资金，提高流动性和收益性（本书选取的案例就是这种情况）。

以月度数据为例，第 t 个月，第 i 天的收入为 Y_{ti}，第 i 天的支出为 X_{ti}：A_{ti} 为与前一天即第（$i-1$）天收支差额滚动后剩下的余额。则第 1 天的现金余额为（$A_{t0}+Y_{t1}-X_{t1}$）。假设这个月有 30 天，那么，

每天的现金余额情况，可用矩阵表示为

$$\begin{pmatrix} A_{t0}+Y_{t1}-X_{t1} \\ A_{t1}+Y_{t2}-X_{t2} \\ \vdots \\ A_{t29}+Y_{t30}-X_{t30} \end{pmatrix}_{30\times 1}$$

将这30天每天的现金余额累加并求均值，得到当月最低标准的现金持有量的值。依此类推，可得到每月的最低标准的现金持有量的值（被解释变量）。

即从现金日记账的角度，推算某企业的合理现金持有量，可分为如下步骤：

第一，仔细研究企业的现金日记账，通过梳理其中的逻辑关系，从而寻找公司历年来的资金流入、流出和结余的规律，分析公司的资金效率。

第二，在现金日记账的基础上，应利用统计方法，对日现金收支差额情况进行数据平滑处理，消除数据间的异常波动，在此基础上，给定一个初始的“安全气垫”，在分析中，考虑运用数学中“迭代算法”的思想，在给定的初始“安全气垫”的基础上，对企业日现金收支差额进行逐日滚动累加。

第三，选定某一阈值，使企业的日现金收支差额在给定的区间内大于零，即资金链不断。因此，对所得到的滚动累加结果，筛选出负值，并验证所选取的“安全气垫”值是否满足使现金持有量在给定的置信区间内可覆盖收支差额的要求，最后，将加了“安全气垫”值后的企业日现金持有量的值即可作为企业合理的现金持有量估计值，可供后续建模分析使用。

假定G企业集团2015年1月的现金日记账，如表6.2所示。

表 6.2　企业集团 2015 年 1 月的现金日记账　　单位：万元

时间	收入（a）	支出（b）	收支差额（a-b）
2015-1-1	2,164	2,186	-22
2015-1-2	607	608	-1
2015-1-3	20,497	3,750	16,747
2015-1-4	40,010	30,364	9,646
2015-1-5	91,201	36,869	54,332
2015-1-6	38,431	129,238	-90,807
2015-1-7	178,601	205,869	-27,268
2015-1-8	14,012	32,969	-18,957
2015-1-9	13,903	24,349	-10,447
2015-1-10	—	0	0
2015-1-11	2	—	2
2015-1-12	580	8,502	-7,923
2015-1-13	33,558	30,162	3,395
2015-1-14	66,426	45,595	20,831
2015-1-15	28,730	21,452	7,278
2015-1-16	12,616	14,605	-1,989
2015-1-17	—	1	-1
2015-1-18	13,622	18	13,604
2015-1-19	24,228	82,722	-58,495
2015-1-20	65,651	20,985	44,667
2015-1-21	72,398	42,599	29,800
2015-1-22	68,751	46,917	21,834
2015-1-23	36,053	36,379	-326
2015-1-24	—	1	-1
2015-1-25	—	1	-1
2015-1-26	102,007	144,287	-42,280
2015-1-27	131,242	127,393	3,850
2015-1-28	174,950	150,480	24,470
2015-1-29	194,910	156,766	38,144
2015-1-30	59,662	51,389	8,273
2015-1-31	13	25	-12

根据表 6.2，利用第二节所述的测算程序，测算 G 企业集团 2015 年 1 月的现金持有量。

首先，通过分析该公司 1 月现金日记账的情况，本书发现当月的现金收支差最大值为正的 5.4 亿元，最小值为负的 9.1 亿元，其差额控制在 15 亿元左右。为了测算每日最低的现金持有量，采用二项移动平均法消除数据间的随机波动，从而保留数据的长期趋势特征。

根据收支差额的范围，设本次初始的“安全气垫”为 15 亿元，在分析中，考虑运用数学中“迭代算法”的思想，在给定的初始“安全气垫”的基础上，对企业日现金收支差额进行逐日滚动累加。所得到的滚动累加结果在 95%的置信区间内都大于零。因此，在不考虑其他条件的情况下，该公司 1 月的合理现金持有量为 4.6 亿元（均值）（具体操作结果见表 6.3）。同理，可得其他月份的合理现金持有量的值。

表 6.3　操作结果展示

时间	收入（a）	支出（b）	收支差额加期初余额（c=a-b+150000）	滚动（$d=c+d_{(t-1)}$）	筛选负值
2015-1-1	2,164	2,186	149,978	149,977	-17,075
2015-1-2	607	50,608	-50,001	99,976	-1,699
2015-1-3	20,497	30,750	-10,253	89,723	1,696
2015-1-4	40,010	30,364	9,646	99,369	6,222
2015-1-5	91,201	36,869	54,332	153,701	6,222
2015-1-6	38,431	129,238	-90,807	62,894	6,223
2015-1-7	178,601	205,869	-27,268	35,626	16,669
2015-1-8	14,012	32,969	-18,957	16,669	22,527
2015-1-9	13,903	24,349	-10,447	6,222	27,592
2015-1-10	-	0	-0	6,222	27,816

续表

时间	收入（a）	支出（b）	收支差额加期初余额（c=a-b+150000）	滚动（$d=c+d_{(t-1)}$）	筛选负值
2015-1-11	2	—	2	6,223	27,816
2015-1-12	580	8,502	-7,923	-1,699	29,805
2015-1-13	33,558	30,162	3,395	1,696	35,626
2015-1-14	66,426	45,595	20,831	22,527	36,617
2015-1-15	28,730	21,452	7,278	29,805	40,467
2015-1-16	12,616	14,605	-1,989	27,816	41,420
2015-1-17	—	1	-1	27,816	57,391
2015-1-18	13,622	18	13,604	41,420	62,894
2015-1-19	24,228	82,722	-58,495	-17,075	64,936
2015-1-20	65,651	20,985	44,667	27,592	78,897
2015-1-21	72,398	42,599	29,800	57,391	78,899
2015-1-22	68,751	46,917	21,834	79,226	78,900
2015-1-23	36,053	36,379	-326	78,900	79,226
2015-1-24	—	1	-1	78,899	89,723
2015-1-25	—	1	-1	78,897	99,369
2015-1-26	102,007	144,287	-42,280	36,617	99,976
2015-1-27	131,242	127,393	3,850	40,467	103,081
2015-1-28	174,950	150,480	24,470	64,936	111,342
2015-1-29	194,910	156,766	38,144	103,081	111,354
2015-1-30	59,662	51,389	8,273	111,354	149,977
2015-1-31	13	25	-12	111,342	153,701

6.4.3 企业现金持有量的决定因素

由上文推演过程可得到模型的被解释变量估计量——合理现金

持有量的估计值。本书建立企业的现金持有量模型为

$$CASH_{i,\ t}=\beta X_{i,\ t}+\Omega_{i,\ t}$$

模型中，现金持有量为 $CASH_{i,t}$，保证计算期内任意一天的现金余额不出现负值的现金持有量即合理现金持有量。公司规模、成长机会、资产有形性、非现金流动资产、债务水平、银行债务、股利支付等公司特征都会影响公司现金持有量，各变量的相关说明如表 6.4 所示。

表 6.4　变量说明

变量属性	变量符号	变量含义	计算方法
被解释变量	CASH	现金持有量	LOG（使每月的现金流不断裂的现金持有水平）
解释变量	SIZE	公司规模	LN（总资产）
	ROA	总资产利润率	净利润/总资产
	G	固定资产	固定资产/总资产
	DEBT	资产负债率	总负债/总资产
	W	委托代理	管理费用/营业收入
	Z	资产获现率	经营活动现金流净额/总资产
	F	非现金流动资产	（流动资产-流动负债-现金及现金等价物）/总资产
	BANK	银行负债	银行贷款/总负债
	HOLD	高级管理层持股	管理层持股数量/总股数

6.4.4　标准现金持有量估计的实证分析

本书的研究样本为 2013—2018 年某制造业的龙头企业——G 企业集团的财务数据，使用 R3.3.2 进行数据分析。样本数据的描述统计分析结果如表 6.5 所示。

表 6.5 变量的描述性统计

变量	ROA_t	$DEBT_t$	W_t	Z_t	G_t	F_t	$HOLD_t$	$BANK_t$	$SIZE_t$	$CASH_t$
最小值	−0. 006	0. 592	0. 029	−0. 077	0. 073	−0. 896	0. 000	0. 156	14. 931	4. 884
第一四分位数	0. 001	0. 613	0. 046	−0. 017	0. 118	−0. 339	0. 000	0. 175	15. 054	5. 024
中位数	0. 003	0. 653	0. 075	−0. 006	0. 179	−0. 034	0. 000	0. 181	15. 309	5. 229
均值	0. 005	0. 660	0. 089	0. 001	0. 176	−0. 069	0. 000	0. 212	15. 313	5. 200
第三四分位数	0. 006	0. 686	0. 099	0. 017	0. 199	0. 0213	0. 000	0. 275	15. 486	5. 301
最大值	0. 049	0. 693	0. 458	0. 080	0. 317	0. 0417	0. 015	0. 336	15. 686	5. 455

表 6.6 Pearson 相关性检验

变量	ROA_t	W_t	Z_t	G_t	F_t	$SIZE_t$	$DEBT_t$	$BANK_t$	$HOLD_t$
ROA_t	1								
W_t	0. 962	1							
Z_t	0. 957	0. 101	1						
G_t	0. 892	0. 083	0. 010	1					
F_t	0. 786	0. 206	0. 107	0. 007	1				
$SIZE_t$	0. 771	0. 117	0. 013	0. 104	0. 159	1			
$DEBT_t$	0. 679	0. 096	0. 008	0. 089	0. 107	0. 293	1		
$BANK_t$	0. 433	0. 083	0. 005	0. 008	0. 068	0. 107	0. 634	1	
$HOLD_t$	0. 000	0. 000	0. 000	0. 000	0. 000	0. 000	0. 000	0. 000	1

利用 Pearson 进行变量间的相关性检验可知（如表 6. 6 所示），在 0. 01 的显著性水平下进行相关性检验，总体而言各变量间的相关性较弱。此外，ROA_t 与其他各个变量之间的相关系数较高，相关性较大，从侧面也说明本书所选取的解释变量较为合理。其中，ROA_t 与变量 W_t 的相关性仅次于 ROA_{t-1}，其次是 Z_t，表明 G 企业集团，管理者的行为习惯对企业利润有较强的影响，其余几个变量（F_t、$DEBT_t$、$BANK_t$、$HOLD_t$）在本书选取的 G 企业案例中，对 G 企业标

准现金持有量的影响非常小，这一点在下文的模型估计结果中也得到了体现。

表 6.7　模型估计结果

变量	系数估计值	标准误	T 统计量	P 值
ROA_t	9.067 ***	4.005	15.052	0.000
ROA_{t-1}	-0.701 ***	0.027	-3.288	0.000
W_t	-0.291 ***	0.015	-9.015	0.000
Z_t	-1.204 ***	3.034	-6.586	0.001
G_t	1.229 ***	1.128	5.052	0.001
$SIZE_t$	0.046 ***	0.018	3.925	0.000

注：***、**、*分别表示显著性水平为 0.01、0.05、0.1。

模型的整体拟合优度 R^2 为 0.9955，调整后的拟合优度（Adjusted R^2）为 0.9754。

如表 6.7 所示，模型的拟合效果较好，各个解释变量均通过了显著性检验，说明本书所选择的解释变量对被解释变量具有显著的线性影响。进一步可知，前一期的总资产利润率（ROA_{t-1}）以及管理费用/营业收入（W_t）、经营性现金流净额/总资产（Z_t）对当期现金持有量具有显著的反向相关性。从经济意义上来说，这也与企业的财务规律和管理者的行为导向相一致。

利用本书所建立的模型估计 2013—2018 年某风电制造业的龙头企业——G 企业集团合理的年度现金持有量分别为：2013 年为 158,917 万元；2014 年为 211,663 万元；2015 年为 243,082 万元。经统计，G 企业集团实际的银行年度存款余额分别为：2013 年为 308,917 万元；2014 年为 406,278 万元；2015 年为 505,959 万元，远大于模型测算值。由此可见，G 企业集团的现金持有行为不是最合理的，仍存在一定的改善和提升空间。

模型的拟合结果表明，本书通过应用普通最小二乘法，研究企业的合理现金持有量问题具有较好的效果。本书所建立的模型拟合度较高，实际预测结果较为合理。可将模型测算值作为该公司月均现金持有水平改进的目标，为企业的财务行为提供一定的指导性建议，从而减少闲置现金，提高现金收益。①

6.5　小结

本书对我国大型企业产融共生效率评价进行了研究。以某大型风电制造企业为例，本书首先通过分析该企业产融结合的具体特点，运用五力模型分析该企业所在的产融共生产业生态圈的竞争环境，运用层次分析法确定方案层要素即各个评价指标；通过设计调查问卷，得到各个评价指标的权重排序，进而构建一套适合于该企业产融共生效率的评价体系，并对该企业产融共生效率进行了论证。通过分析发现，影响该企业产融共生效率的因素包括：整个产业生态圈效率、各参与方效率、核心企业主营业务板块效率、核心企业实体部门效率、核心企业资金管理效率、核心企业风险管理效率，其中最主要的影响因素是核心企业资金管理效率。

本书基于现金日记账，运用多因素回归的方法，提出了一套对于大型企业产融结合资金管理有效性的评价方法。为了提升资金管理有效性的可操作性，本书选择了公司规模、总资产利润率、固定资产、资产负债率、资产获现率、净资产收益率、银行负债情况、委托代理情况、管理层关系等影响因素，构造计量经济模型，对有效的现金持有水平进行预测，该方法有助于提升企业资金管理水平，

① 值得注意的是，假如由模型估计的结果和企业实际的结果差别较大，则说明虽然从统计学角度模型通过了检验，但不一定具有较好的实际应用效果，此时，可利用德尔菲法对模型的系数进行进一步调整。

进而提高产融共生效率。最后，本书提出的方法，可作为资金管理者做出科学判断的基础工具，为企业现金流管理在风险把控和绩效评估方面提供科学合理的评判标准。进而为测度产融共生的效率提供评判依据。需要指出的是，关于如何提高现金持有量的预测精度等问题，还有待进一步深入研究与探讨。例如企业的外部环境因素波动、行业差异情况等对企业现金持有量的影响也是非常值得研究的，本书由于研究视角及篇幅的限制，对这些问题都没有细致讨论。与此同时，本书的建模方法也具有一定的改进空间，例如，可以采用门限回归法，建立企业标准现金持有量模型，讨论企业标准现金持有量的上限、下限情况。

第 7 章　我国大型企业集团产融共生组织模式选择与评价

本书在前文研究的基础上，采用在产融共生视角下进行产融结合的成功企业的相关数据，进行充分的数据特征分析，运用 C5.0 决策树算法建立了企业在产融共生视角下进行产融结合的组织和发展模式的决策规则，为未来想要发展产融结合最终达到产融共生状态的企业提供有力的决策依据。

7.1　产融共生组织模式类别

通过前文的分析，本书发现企业开展产融结合的模式多种多样。本书将产融结合的组织模式概括为以下几种类别：第一，从涉足金融机构的类别划分，可分为涉足银行业、保险业、信托业、财务公司、基金业、期货业、证券业七大类别的金融实体。第二，从开展产融结合的形式，可分为只涉足其中一类金融实体（拥有一个金融牌照），如只涉足银行业，简称“单一模式”；或者涉足多类金融实体（拥有多个金融牌照），如同时涉足银行业和保险业等，简称“多元模式”。

7.2 研究设计

本书的模型采用了决策树算法，对我国大型企业集团产融结合组织模式进行选择和评价，并给出判断规则和标准，为未来想要发展产融结合最终达到产融共生状态的企业提供参考和依据。

7.2.1 决策树算法介绍

决策树算法是一个树型结构。决策树类似于规定了一个聚类规则，可以根据样本属性的不同，对样本进行分析和归类。决策树上的每一节点表示对样本某个属性的测试。在构造决策树的过程中需要解决两个问题，一个是如何选择决策属性，另一个是划分节点的控制规则。目前关于决策树的最新算法为 C5.0。C5.0 算法是在 C4.5 算法的基础上改进而成的，C5.0 算法增加了对 Boosting 的支持，同时减少了内存。与 C4.5 算法相比，C5.0 算法构建了更小的规则集，因此更加准确。本书即采用决策树 C5.0 算法来进行建模分析。

7.2.2 数据和样本选择

本书的研究目的是通过选取在产融共生视角下进行产融结合的大型企业的历史数据，建立决策树模型的方法，对我国大型企业产融结合的组织模式进行选择与评价，为未来我国企业集团后续选择产融结合模式，提供了分析工具。本书选用的样本都是经过筛选后的、在产融共生视角下进行产融结合较为成功的上市企业。

本书数据部分来自沪深两市上市公司对外公布的上市公司年度报告或公告文件。主要数据来自 Wind 数据库、巨潮资讯网、中国证监会官网及中国上市公司资讯网等相关网站。

本书样本以截止到 2017 年所有“产融结合”企业为基础，并根据以下条件筛选而得：

①考虑数据有效性和可得性，选取“由产到融”的我国沪深股市上市公司作为样本，剔除金融类企业。

②考虑数据代表性和结论的可靠性，选取最近一年的数据作为样本。

③剔除净资产收益率为负、ST 样本、市盈率大于 100、H 股上市股票等特性歧异样本，剔除每股收益为负的样本。

经过筛选和分析，最终得出符合条件的上市公司样本共 563 个。

所选样本企业中在产融共生视角下进行产融结合组织模式的统计情况。目前，“银行主导型”仍是我国企业进行产融结合的主要模式，其次是“财务公司主导型”“证券公司主导型”和“保险公司主导型”三类。“信托主导性”“期货公司主导型”和“基金公司主导型”在我国仍然较少（见图 7.1）。

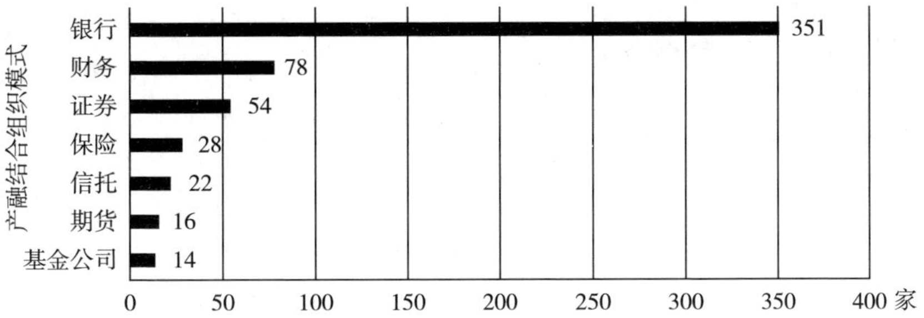

图 7.1　我国大型企业产融结合组织模式样本数量统计

所选样本企业中产融结合发展模式的统计情况，目前，“单一型”是我国大型企业产融结合的主要模式，“多元型”仍然较少（见图 7.2）。

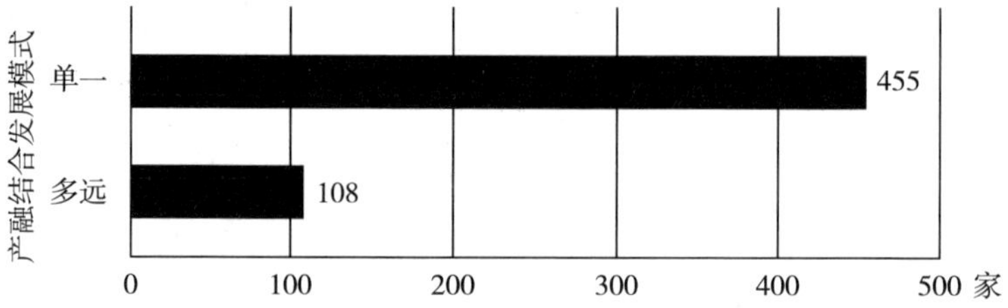

图 7.2　我国大型企业产融结合发展模式样本数量统计

7.2.3　指标选择

本书在前文文献综述的基础上从企业基本情况、资产负债情况、收入利润情况、现金流量情况、每股指标、资本结构、偿债能力、盈利能力、营运能力和成长能力共 10 个方面选用了 41 个指标。由于部分企业 2018 年的年报尚未披露，因此本书选取的财务指标均采用了近三年（2015—2017 年）的平均值，所选用指标及其具体含义，如表 7.1 所示。

表 7.1　模型所选用指标

指标类型	指标名称	指标具体解释
企业基本情况	公司属性	即企业所有制类型，主要根据其大股东/实际控制人进行判断，将企业按照属性分为中央国有企业、地方国有企业、公众企业、集体企业、民营企业、外资企业和其他企业
	所属行业	按照证监会行业分类，将企业所在行业分为材料、电信服务、房地产、能源等
	注册资本	企业注册资本金
资产负债	资产总额	企业近三年期末平均资产总额
	负债总额	企业近三年期末平均负债总额
	所有者权益总额	企业近三年期末平均所有者权益总额
收入利润	收入	企业近三年平均营业总收入
	净利润	企业近三年平均净利润

续表

指标类型	指标名称	指标具体解释
现金流量	经营活动产生的现金流量净额	企业近三年经营活动产生的平均现金流量净额
	投资活动产生的现金流量净额	企业近三年投资活动产生的平均现金流量净额
	筹资活动产生的现金流量净额	企业近三年筹资活动产生的平均现金流量净额
每股指标	每股收益	企业近三年平均每股收益
	每股营业收入	企业近三年平均每股营业收入
	每股企业自由现金流量	企业近三年平均每股企业自由现金流量
资本结构	长期资本负债率	企业近三年期末的平均长期资本负债率
	权益乘数	企业近三年期末的平均权益乘数
	流动资产/总资产	企业近三年期末的流动资产/总资产平均比例
	有形资产/总资产	企业近三年期末的有形资产/总资产平均比例
	流动负债/总负债	企业近三年期末的流动负债/总负债平均比例
偿债能力	资产负债率	企业近三年期末的平均资产负债率
	流动比率	企业近三年期末的平均流动比率
	EBITDA/利息费用	企业近三年 EBITDA/利息费用的平均比例
	有形资产/负债合计	企业近三年期末的有形资产/负债合计的平均比率
盈利能力	净资产收益率	企业近三年的平均净资产收益率
	销售净利率	企业近三年的平均销售净利率
	总资产报酬率	企业近三年的平均总资产报酬率
	EBITDA/营业总收入	企业近三年 EBITDA/营业总收入的平均比例
	经营活动净收益/利润总额	企业近三年经营活动净收益/利润总额的平均比例，其中经营活动净收益为营业总收入-营业总成本
	价值变动净收益/利润总额	企业近三年价值变动净收益/利润总额的平均比例，其中价值变动净收益为公允价值变动净收益+投资净收益+汇兑净收益
营运能力	应收账款周转率	企业近三年的平均应收账款周转率
	流动资产周转率	企业近三年的平均流动资产周转率
	存货周转率	企业近三年的平均存货周转率
	营运资本周转率	企业近三年的平均营运资本周转率

续表

指标类型	指标名称	指标具体解释
营运能力	固定资产周转率	企业近三年的平均固定资产周转率
	非流动资产周转率	企业近三年的平均非流动资产周转率
	总资产周转率	企业近三年的平均总资产周转率
成长能力	营业收入同比增长率	企业近三年的平均营业收入同比增长率
	净利润同比增长率	企业近三年的平均净利润同比增长率
	总资产同比增长率	企业近三年的平均总资产同比增长率
	总负债同比增长率	企业近三年的平均总负债同比增长率
	现金净流量同比增长率	企业近三年的平均现金净流量同比增长率

首先，对本书所选用的 563 个样本的各个指标进行数据特征分析，按照指标含义和取值特点，将 41 个指标划分为连续指标和类别指标，其中类别指标包括公司属性和行业，其余指标为连续指标，分别对各个指标进行统计分析。样本整体的两个类别指标——公司属性、所属行业统计情况。在公司属性指标方面，样本中民营企业数量最多，共有 225 个；其次是地方国有企业，共有 208 个；再次是中央国有企业，共有 92 个；最后是公众企业、外资企业、集体企业和其他企业，分别有 20 个、6 个、1 个和 11 个，如图 7. 3 所示。在样本所属行业指标方面，样本中工业行业企业数量最多，共有 147 个；其次是可选消费行业和材料行业，分别为 118 个和 98 个；样本同时涉及日常消费、医疗保健、房地产、公用事业、信息技术、能源行业，如图 7. 4 所示。

在样本按照主导型组织模式这一决策变量进行分类的前提下，根据“公司属性”的统计情况，可以得到以下两个结论：第一，不论哪种类型的企业，以银行主导型作为产融结合发展模式的企业数量都最多，尤其是民营企业类型中，银行主导型企业数量远远高于其他主导型企业；第二，财务公司主导型企业在国有企业（中央国有企业和地方国有企业）中数量最多（见图 7. 5）。

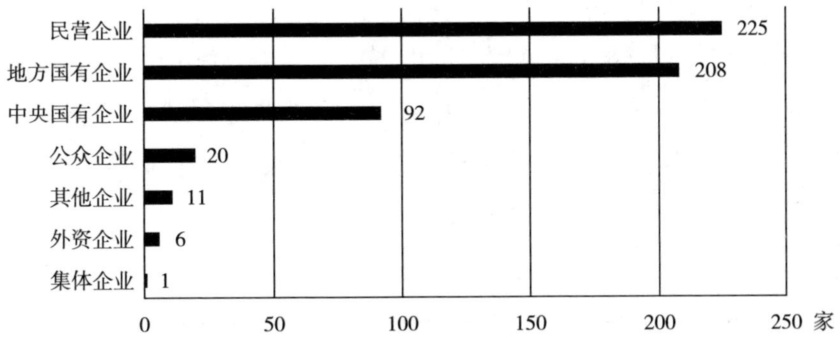

图 7.3　样本公司属性指标统计

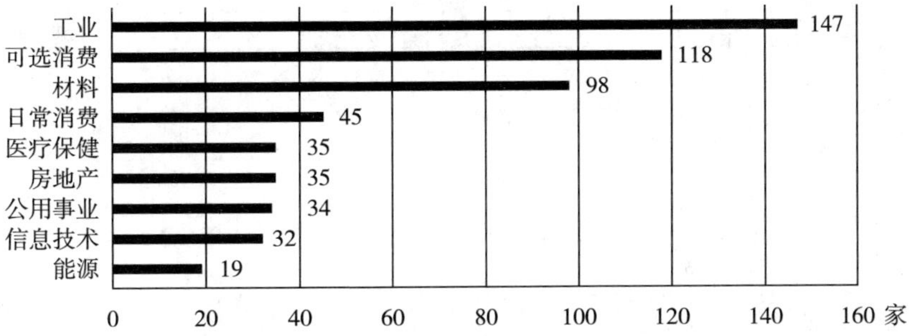

图 7.4　样本公司所属行业指标统计

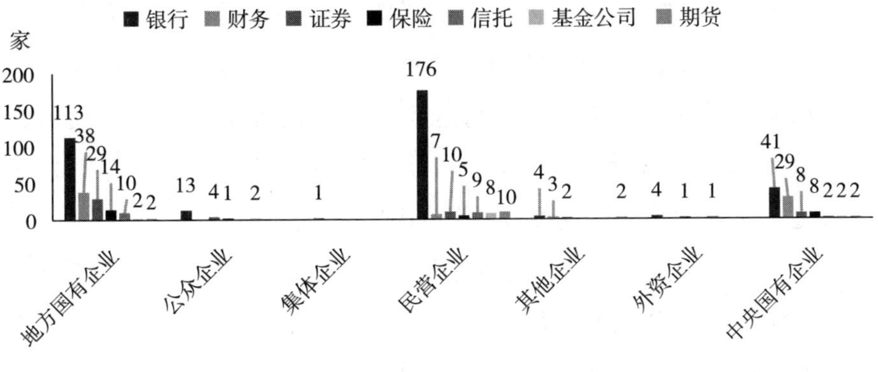

图 7.5　样本公司属性指标统计（按组织模式划分）

在样本按照发展模式这一决策变量进行分类的前提下，根据“公司属性”统计情况，可以得到以下两个结论：第一，不论哪种类型的企业，目前“单一型”发展模式是企业产融结合的主要模式；第二，“多元型”发展模式在国有企业（中央国有企业和地方国有企业）中更为普遍（见图7.6）。

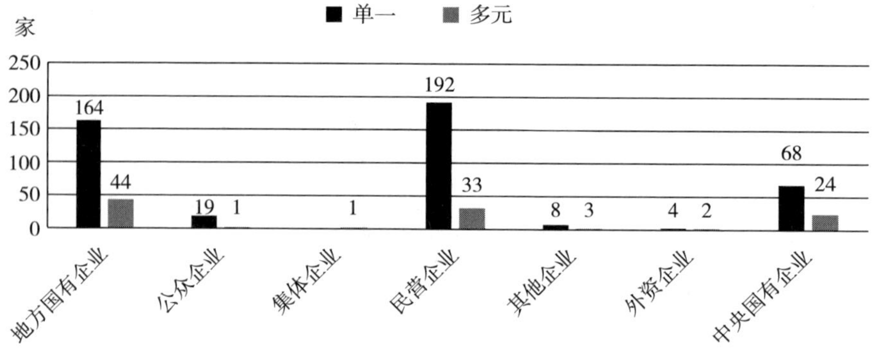

图7.6 样本公司属性指标统计（按发展模式划分）

在样本按照主导型组织模式这一决策变量进行分类的前提下，根据公司“所属行业”的统计情况可以看到，不论所属哪个行业，以银行主导型作为产融结合发展模式的企业数量都最多，尤其是行业类型属于工业、可选消费和材料行业的企业，如图7.7所示。在样本按照发展模式这一决策变量进行分类的前提下，根据“所属行业”统计情况可以看到，不论企业属于哪个行业，“单一型”发展模式是企业产融结合的主要模式，如图7.8所示。

图7.7和图7.8展示了连续指标相关的描述性统计值，图7.7是按照企业产融结合主要发展的金融机构类型来统计的，图7.8是按照企业产融结合模式（单一/多元）来进行统计的。

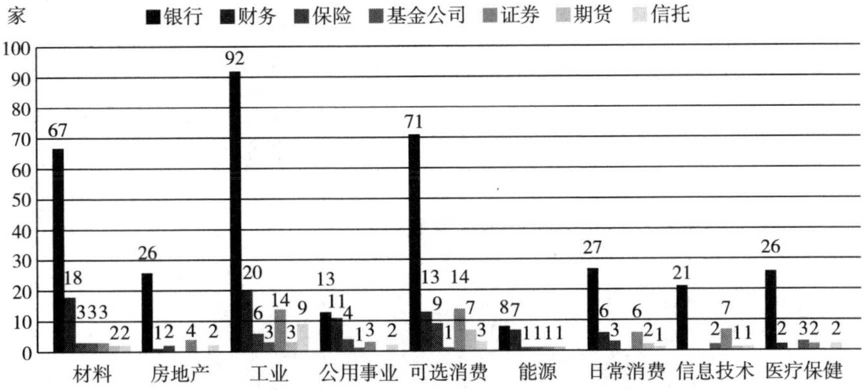

图 7.7　样本所属行业指标统计（按组织模式划分）

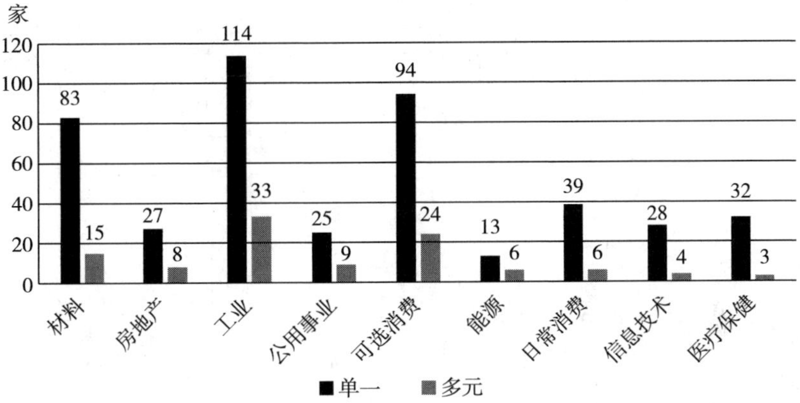

图 7.8　样本所属行业指标统计（按发展模式划分）

如表 7.2 所示，可以看到以银行为组织模式的企业，其注册资本、资产规模、资金实力等绝对规模指标方面都是较好的；其次是以保险、证券和财务公司为主导模式的企业；而以期货、信托和基金公司为主导模式的企业，其绝对规模指标相对较小，但盈利能力和营运能力等相对指标上有较好的表现。如表 7.3 所示，可以看到采用多元产融结合模式发展的企业，其各方面表现大都优于以单一产融结合模式发展的企业。

表 7.2 样本企业产融结合组织模式及企业基本情况

指标	均值							标准差						
	银行	保险	财务	基金	证券	期货	信托	银行	保险	财务	基金	证券	期货	信托
注册资本（亿元）	90.30	43.96	37.16	15.03	39.29	23.29	19.20	342.86	50.69	44.23	17.60	62.90	74.45	43.41
资产总额（亿元）	1167.66	575.31	403.50	173.82	760.62	375.68	343.49	4510.30	774.64	578.04	250.39	1833.80	1464.04	1204.77
负债总额（亿元）	559.23	364.34	233.83	106.85	550.96	241.81	226.17	1929.55	545.53	395.13	176.81	1458.43	1005.98	917.42
所有者权益总额（亿元）	608.43	210.96	169.67	66.97	209.66	133.86	117.32	2592.19	262.49	189.98	86.98	394.02	545.23	301.46
收入（亿元）	853.64	271.20	254.13	134.44	435.92	260.80	235.32	3787.36	362.18	488.29	186.30	1461.99	1445.07	957.19
净利润（亿元）	22.40	19.81	13.40	3.54	15.22	11.59	10.81	69.39	36.42	15.41	4.09	30.90	49.93	28.91
经营活动产生的现金流量净额（亿元）	145.89	42.11	21.22	3.77	24.11	15.65	10.30	691.05	77.69	35.94	8.90	90.67	125.87	40.82
投资活动产生的现金流量净额（亿元）	-97.91	-32.71	-22.11	-7.73	-27.77	-19.02	-12.79	459.27	58.00	24.88	15.45	71.81	97.19	50.73
筹资活动产生的现金流量净额（亿元）	-34.78	-2.77	6.03	4.52	9.92	5.09	5.97	182.08	48.75	23.07	15.65	30.09	69.40	35.62
每股收益	0.45	0.38	0.37	0.23	0.42	0.38	0.49	0.87	0.46	0.42	0.25	0.66	0.67	0.74
每股营业收入	7.39	7.72	6.27	8.26	9.06	7.92	8.11	6.85	7.56	7.97	10.40	19.52	13.58	9.34

续表

指标	均值							标准差						
	银行	保险	财务	基金	证券	期货	信托	银行	保险	财务	基金	证券	期货	信托
每股企业自由现金流量	-0.12	0.13	-0.18	-0.17	0.08	-0.12	-0.18	1.00	0.95	0.55	0.77	1.02	2.41	1.09
长期资本负债率	49.35	54.10	42.94	46.24	49.83	47.41	47.52	19.04	17.61	16.68	17.89	19.83	19.15	18.93
权益乘数	22.98	28.83	18.20	13.18	24.23	20.42	19.45	24.17	21.60	19.48	14.18	22.62	19.83	15.61
流动资产/总资产	4.09	2.68	1.92	2.11	2.44	2.35	2.55	10.12	1.74	0.65	0.86	1.36	1.72	2.96
有形资产/总资产	51.05	42.07	48.78	54.46	46.89	52.47	48.07	19.09	24.03	26.43	21.74	24.39	19.39	21.83
流动负债/总负债	39.59	34.95	45.02	42.37	32.10	39.19	41.35	21.42	19.97	21.58	22.21	24.99	20.30	21.06
资产负债率	76.66	72.28	73.01	84.24	73.61	77.87	74.70	19.32	20.48	25.24	15.06	23.26	17.82	18.31
流动比率	1.56	1.20	1.74	1.65	1.58	1.90	1.67	0.80	0.80	0.85	1.16	1.46	2.21	1.16
EBITDA/利息费用	-15.22	51.08	17.79	3.37	15.38	-9.82	-44.33	105.08	588.93	108.29	55.50	247.68	259.78	368.06
有形资产/负债合计	1.05	0.94	1.39	1.42	1.09	1.34	1.38	0.73	1.06	1.09	1.77	1.62	1.94	1.56
净资产收益率	1.73	8.03	6.42	5.30	6.90	7.75	6.18	37.50	9.68	7.16	5.80	8.40	14.89	15.63
销售净利率	6.19	7.15	9.35	6.53	2.95	8.52	12.08	26.69	10.33	14.08	12.84	58.16	18.34	29.26
总资产报酬率	5.00	5.48	5.24	4.68	4.81	5.75	5.12	8.37	5.14	4.84	4.33	6.91	6.55	7.47
EBITDA/营业总收入	17.94	19.08	20.56	12.25	14.77	18.37	32.01	28.83	16.58	19.30	12.21	62.09	25.36	86.54
经营活动净收益/利润总额	-14.30	-29.02	25.37	-79.37	45.61	27.07	-258.31	182.78	436.80	98.53	423.01	74.32	198.01	2077.05

续表

指标	均值							标准差						
	银行	保险	财务	基金	证券	期货	信托	银行	保险	财务	基金	证券	期货	信托
价值变动净收益/利润总额	88. 01	98. 34	56. 11	151. 57	22. 15	45. 18	275. 73	175. 20	342. 95	105. 60	415. 52	27. 95	151. 32	1687. 50
应收账款周转率	99. 84	34. 61	16. 81	48. 55	45. 90	92. 55	30. 18	386. 87	108. 38	19. 31	105. 52	128. 32	478. 76	100. 36
流动资产周转率	1. 64	2. 01	1. 17	1. 61	1. 29	1. 42	1. 31	1. 42	1. 81	0. 75	1. 18	0. 96	1. 19	0. 84
存货周转率	12. 87	14. 97	4. 46	5. 21	38. 10	13. 33	65. 11	22. 08	17. 18	4. 13	3. 56	109. 59	53. 90	407. 55
营运资本周转率	23. 92	4. 88	10. 00	6. 47	8. 60	19. 85	3. 05	93. 41	16. 60	27. 50	9. 70	22. 75	176. 55	3. 88
固定资产周转率	6. 32	3. 57	3. 75	7. 17	5. 99	18. 94	11. 41	7. 47	5. 06	2. 75	5. 90	7. 73	148. 55	20. 50
非流动资产周转率	2. 00	1. 44	1. 45	2. 30	1. 28	2. 46	2. 01	2. 25	1. 81	1. 39	1. 60	1. 27	11. 91	3. 01
总资产周转率	0. 74	0. 59	0. 48	0. 79	0. 51	0. 68	0. 63	0. 56	0. 34	0. 29	0. 49	0. 45	0. 70	0. 51
营业收入同比增长率	8. 78	15. 82	14. 46	13. 95	9. 52	29. 22	24. 40	19. 06	22. 66	25. 22	34. 00	30. 97	116. 03	58. 07
净利润同比增长率	-0. 75	-29. 03	-40. 64	-6. 78	51. 64	2. 25	-19. 20	235. 46	651. 37	291. 32	195. 60	179. 98	420. 10	201. 94
总资产同比增长率	8. 84	8. 30	12. 56	5. 73	6. 42	12. 30	7. 71	16. 26	17. 97	17. 38	9. 69	15. 38	21. 37	13. 96
总负债同比增长率	7. 75	11. 07	11. 04	4. 24	22. 40	32. 27	72. 82	22. 33	39. 63	20. 17	16. 97	59. 14	134. 58	462. 44
现金净流量同比增长率	157. 56	96. 80	-16. 12	-262. 0	-45. 61	136. 70	-39. 89	434. 07	409. 82	203. 16	2407. 63	324. 20	1980. 46	344. 39

表 7.3　样本企业产融结合发展模式及企业基本情况

指标	均值		标准差		最小值		最大值	
	单一	多元	单一	多元	单一	多元	单一	多元
注册资本（亿元）	20.96	67.17	34.78	214.75	1.29	1.39	310.41	1830.21
资产总额（亿元）	288.30	1129.31	835.22	3266.39	4.09	7.52	8502.35	24049.10
负债总额（亿元）	183.07	694.21	633.21	1859.82	0.71	2.84	7550.81	12092.54
所有者权益总额（亿元）	105.23	435.10	243.63	1586.50	0.23	4.69	3070.18	13816.10
收入（亿元）	153.60	877.00	482.55	3183.19	0.31	1.77	6809.81	23601.93
净利润（亿元）	8.61	32.29	22.89	91.41	-42.88	-8.23	222.75	702.94
经营活动产生的现金流量净额（亿元）	15.25	68.24	67.52	402.67	-139.36	-434.57	913.35	3666.55
投资活动产生的现金流量净额（亿元）	-13.53	-69.86	48.79	279.14	-473.34	-2435.46	134.37	70.99
筹资活动产生的现金流量净额（亿元）	1.80	4.41	45.49	135.56	-366.19	-947.25	484.66	673.98
每股收益	0.37	0.47	0.65	0.65	-2.04	-0.51	8.09	4.40
每股营业收入	7.08	11.31	11.37	15.34	0.02	0.21	169.59	91.05
每股企业自由现金流量	-0.07	-0.16	1.97	2.10	-33.89	-17.55	7.69	3.89
长期资本负债率	46.99	54.30	19.24	16.32	3.52	14.95	98.20	89.39
权益乘数	20.27	26.72	19.73	20.94	-15.75	0.00	92.81	82.17
流动资产/总资产	2.46	2.59	3.13	1.30	1.04	1.18	55.49	9.43
有形资产/总资产	50.48	49.45	20.42	23.30	3.40	6.58	97.29	92.78
流动负债/总负债	40.15	33.05	20.93	18.73	-32.56	-18.33	89.92	73.54
资产负债率	77.20	74.19	18.22	20.82	9.87	6.25	116.08	100.00
流动比率	1.78	1.56	1.62	2.67	0.17	0.23	22.92	28.10

续表

指标	均值		标准差		最小值		最大值	
	单一	多元	单一	多元	单一	多元	单一	多元
EBITDA/利息费用	-6.29	11.28	358.09	114.48	-2750.40	-392.64	4119.57	925.02
有形资产/负债合计	1.38	0.78	1.88	0.67	-0.56	-0.25	25.54	3.27
净资产收益率	6.88	8.56	16.83	9.97	-186.84	-24.23	188.30	48.86
销售净利率	8.63	6.92	19.42	30.07	-134.71	-239.20	178.77	150.40
总资产报酬率	5.52	5.57	6.64	5.76	-54.11	-18.62	42.76	31.33
EBITDA/营业总收入	19.56	19.25	35.44	42.55	-126.87	-233.91	624.92	313.58
经营活动净收益/利润总额	-22.56	30.00	762.28	88.91	-15225.11	-386.21	191.96	118.72
价值变动净收益/利润总额	86.11	49.98	618.04	82.78	-79.59	-18.80	12432.98	456.59
应收账款周转率	67.47	101.22	399.98	360.76	0.01	0.01	5912.61	2245.38
流动资产周转率	1.45	1.72	1.25	1.35	0.02	0.05	10.25	6.18
存货周转率	18.47	21.31	146.33	70.27	0.01	0.01	2998.79	509.14
营运资本周转率	17.50	6.06	156.91	16.03	0.01	0.01	2282.25	112.83
固定资产周转率	14.90	11.46	130.50	19.63	0.19	0.26	2231.23	112.32
非流动资产周转率	2.22	1.98	10.50	2.43	0.02	0.05	220.05	18.73
总资产周转率	0.64	0.72	0.62	0.60	0.01	0.04	9.52	3.40
营业收入同比增长率	25.20	20.59	102.59	46.86	-65.25	-59.06	1976.51	399.64
净利润同比增长率	-6.89	9.82	458.43	220.03	-5062.01	-1327.62	1910.58	593.71
总资产同比增长率	11.13	9.01	20.69	13.84	-44.64	-26.61	227.25	48.82
总负债同比增长率	34.52	12.48	198.81	24.21	-84.20	-37.99	3403.50	114.46
现金净流量同比增长率	117.60	-10.54	1802.52	369.43	-15713.91	-1149.04	31525.63	2236.08

7.3　决策树算法实现

7.3.1　组织模式选择与评价

本节采用决策树模型对我国大型企业产融结合组织模式进行选择与评价。其中企业产融结合组织模式包括银行主导型、保险公司主导型、财务公司主导型、基金公司主导型、证券公司主导型、期货公司主导型和信托公司主导型。本节主要解决企业特征和组织模式对应关系的问题。

（1）决策树算法实现

随机选取 70%的样本数据作为训练集，训练集包括以银行、保险公司、财务公司、证券公司、期货公司、基金公司和信托公司为主导发展模式的样本，然后利用 C5.0 算法实现决策树。C5.0 算法可以通过输入类别和数值型变量，对于数值型变量会自动进行离散化处理，然后根据信息增益率选择分裂节点的最优指标。另外，C5.0 算法引入 boosting 方式，将很多能力较弱的学习算法组合在一起，从而提高模型的准确率。

从 R 语言软件中调用 C5.0 算法的程序包（C50），使用的模型训练函数为（C5.0），设置模型的迭代次数为 10 次，在建模之前不需对变量再次进行特征选择，剪枝的置信因子为 0.25，节点包括的最小样本数为 5 个，这些设置能够让模型更准确。由于训练出的决策树模型较为复杂，不能成图，因此将模型以文字的形式展现如下：

```
公司属性=集体企业：财务
公司属性=外资企业：银行
公司属性=公众企业：
：... 流动资产/总资产<= 39.2738：银行
：    流动资产/总资产 > 39.2738：证券
公司属性=其他企业：
：... 总负债同比增长率<= -5.868205：证券
：    总负债同比增长率 > -5.868205：银行
公司属性=中央国有企业：
：... 非流动资产周转率 > 3.942688：
：    ：... 注册资本（元）<= 1.427675e+009：银行
：    ：    注册资本（元）> 1.427675e+009：期货
：    非流动资产周转率<= 3.942688：
：    ：... 行业 in {电信服务，房地产，医疗保健}：银行
：          行业 in {材料，能源，信息技术}：银行
：          行业=金融：财务
：          行业=日常消费：信托
：          行业=工业：
：          ：... 固定资产周转率<= 2.2007：财务
：          ：    固定资产周转率 > 2.2007：银行
：          行业=公用事业：
：          ：... 应收账款周转率<= 10.5108：财务
：          ：    应收账款周转率 > 10.5108：银行
：          行业=可选消费：
：          ：... 流动比率<= 1.4435：保险
：                流动比率 > 1.4435：财务
公司属性=民营企业：
：... 收入（元）<= 3.627504e+008：信托
：    收入（元）> 3.627504e+008：
：    ：... 注册资本（元）<= 2.175737e+009：
```

:　　　: ... 资产总额（元）> 1.192566e+009：银行
:　　　：资产总额（元）<= 1.192566e+009：
:　　　:　　　: ... 注册资本（元）<= 3.1148e+008：银行
:　　　:　　　　注册资本（元）> 3.1148e+008：期货
:　　　注册资本（元）> 2.175737e+009：
:　　　: ... 流动资产/总资产 > 72.1989：信托
:　　　　流动资产/总资产<= 72.1989：
:　　　　: ... 非流动资产周转率<= 0.4287055：保险
:　　　　　非流动资产周转率 > 0.4287055：
:　　　　　: ... 资产总额．元．<= 7.351435e+009：基金公司
:　　　　　　资产总额．元．> 7.351435e+009：银行
公司属性=地方国有企业：
: ... 行业 in {电信服务，金融}：银行
　行业 in {房地产，公用事业，信息技术，医疗保健}：银行
　行业=能源：财务
　行业=日常消费：
　: ... 注册资本（元）<= 1.816273e+009：银行
　:　　注册资本（元）> 1.816273e+009：财务
　行业=工业：
　: ... 经营活动净收益/利润总额 > 78.0683：
　:　　: ... 销售净利率<= 9.0867：保险
　:　　：销售净利率 > 9.0867：银行
　:　　经营活动净收益/利润总额<= 78.0683：
　:　　: ... 流动资产/总资产 > 43.369：银行
　:　　　流动资产/总资产<= 43.369：
　:　　　: ... 每股营收 > 5.6256：财务
　:　　　　每股营收<= 5.6256：
　:　　　　: ... 注册资本（元）<= 6.786023e
　　　　　　+009：证券

: 注册资本（元）> 6.786023e+009：银行

行业=可选消费：

：... 收入（元）> 1.575781e+010：财务

: 收入（元）<= 1.575781e+010：

: ：... 销售净利率 > 21.8927：证券

: 销售净利率<= 21.8927：

: ：... 净利润同比增长率<= 14.0201：银行

: 净利润同比增长率 > 14.0201：

: ：... 现金净流量同比增长率<= 3.664663：银行

: 现金净流量同比增长率 > 3.664663：保险

行业=材料：

：... 筹资活动产生的现金流量净额（元）> 1.832648e+009：财务

筹资活动产生的现金流量净额（元）<= 1.832648e+009：

：... 存货周转率<= 4.6271：银行

存货周转率 > 4.6271：

：... 营运资本周转率 > 7.03226：银行

营运资本周转率<= 7.03226：

：... 流动负债/总负债 > 83.5365：财务

流动负债/总负债<= 83.5365：

：... 总资产同比增长率<= 2.071864：银行

总资产同比增长率 > 2.071864：财务

经过决策树模型的构建，提炼出了与企业产融结合组织模式相关性大的指标，具体报告见表7.4，表7.4中的“贡献度”是指该指标对于所训练出决策树模型的贡献程度，贡献度越高，说明该指标与最终决策变量——企业产融结合主导型组织模式关系越大。可以看到，“公司属性”指标对决策树模型的贡献度最大，达到 100%，这说明“公司属性”指标为所训练出的决策树模型的根节点，即起点，判断企业产融结合主导型组织模式首先要判断其公司属性。“行业”“收入”和“注册资本”对于决策树模型的贡献度也都在 50% 左右，说明这三个指标对于判断企业产融结合组织模式也具有比较重要的指导意义；除此之外，企业的资产负债、收入利润、现金流量、每股指标、偿债能力、资本结构、营运能力、盈利能力和成长能力方面的指标对于决策树模型也都有一定的贡献程度。

从指标类型贡献度来看，“企业基本情况”对于决策树模型的贡献度是最大的；其次为“收入利润”“资产负债”等绝对规模指标。在相对指标方面，“营运能力”“资本结构”和“盈利能力”等指标类别对于模型贡献度较大。以上指标都是我国大型企业进行产融结合模式选择时值得参考和借鉴的方面。

表 7.4　指标对于决策树模型的贡献度（按组织模式划分）

指标类型	指标名称	贡献度	指标类型贡献度
企业基本情况	公司属性	100.00%	199.24%
	行业	51.27%	
	注册资本（元）	47.97%	
资产负债	资产总额（元）	39.09%	39.09%
收入利润	收入（元）	49.49%	49.49%
现金流量	筹资活动产生的现金流量净额（元）	6.60%	6.60%
每股指标	每股营业收入	3.81%	3.81%
偿债能力	流动比率	1.78%	1.78%

续表

指标类型	指标名称	贡献度	指标类型贡献度
资本结构	流动资产/总资产	18.78%	22.08%
	流动负债/总负债	3.30%	
营运能力	非流动资产周转率	21.83%	38.33%
	存货周转率	5.84%	
	营运资本周转率	4.06%	
	固定资产周转率	4.06%	
	应收账款周转率	2.54%	
盈利能力	经营活动净收益/利润总额	10.91%	20.55%
	销售净利率	9.64%	
成长能力	净利润同比增长率	6.09%	12.7%
	现金净流量同比增长率	3.05%	
	总资产同比增长率	1.78%	
	总负债同比增长率	1.78%	

（2）决策树算法评价

本小节对于运用训练集训练出的决策树模型有效性进行评价。

表 7.5 是采用训练集回溯的混淆矩阵，即用训练集来对其训练出的模型进行回溯，来对模型的有效性进行初步评价。训练集为总样本（563 个）的 70%，包含 394 个企业，其中按照训练出的决策树模型分类回溯正确的有 317 个（矩阵对角线之和），正确率为 80.46%，说明训练出的决策树模型初步有效。

表 7.5　训练集回溯混淆矩阵（按组织模式划分）

实际结果 训练结果	保险公司	财务公司	基金公司	期货公司	信托公司	银行	证券公司
保险公司	11	1				8	
财务公司		42	1		1	9	1
基金公司	1		2		2	5	1
期货公司		1		5		6	
信托公司					5	10	
银行	2	1			1	237	2
证券公司	2	3		1		18	15

表 7.6 是测试集预测混淆矩阵，即将测试集的指标代入用训练集训练出的决策树模型，预测其产融结合组织模式，然后与真实模式做比较，来对模型的有效性做出更进一步的判断。测试集为总样本（563 个）的 30%，包含 169 个企业，其中按照训练出的决策树模型分类预测正确的有 116 个（矩阵对角线之和），正确率为 68.64%。虽然采用测试集的正确率低于采用训练集的正确率，但由于此决策树模型最终的分类变量有 7 类（银行、保险公司、财务公司、基金公司、证券公司、期货公司和信托公司），大大增加了模型预测准确的难度，因此接近 70%的预测正确率说明该决策树模型是有效的。

表 7.6　测试集预测混淆矩阵（按组织模式划分）

实际结果 预测结果	保险公司	财务公司	基金公司	期货公司	信托公司	银行	证券公司
保险公司	3					2	2
财务公司		15				10	2
基金公司			2				
期货公司				2	1	1	

续表

实际结果 预测结果	保险公司	财务公司	基金公司	期货公司	信托公司	银行	证券公司
信托公司		1		1	3	4	1
银行	4	8	1	1	2	83	2
证券公司	1				1	8	8

（3）决策规则分析

本小节会对训练出的我国大型企业产融结合的组织模式决策树模型的决策规则进行分析。决策规则是基于训练出的决策树模型产生的，是在尽可能保留有效信息的基础上对于决策树模型的简化处理。

上节中训练出的模型共涉及20条决策规则，本节按照决策规则的有效性情况，即“Lift”① 指标大小，对以上20条决策规则的有效性进行排列，并对其进行分析，具体可见表7.7。

表7.7　决策规则的有效性（按组织模式划分）

序号	决策规则	分类	Lift值
1	公司属性=民营企业→资产总额（元）<= 1.192566e+009→注册资本（元）> 3.1148e+008	期货公司	18.4
2	公司属性=地方国有企业→行业=工业→销售净利率<= 9.0867→经营活动净收益/利润总额 > 78.0683	保险公司	14.1
3	公司属性=地方国有企业→行业=可选消费→收入（元）<= 1.575781e+010→净利润同比增长率> 14.0201→现金净流量同比增长率> 3.664663		14.1
4	公司属性=地方国有企业→行业=工业→注册资本（元）<= 6.786023e+009→每股营收<= 5.6256→流动资产/总资产<= 43.369→经营活动净收益/利润总额<= 78.0683	证券公司	8.1

① “Lift”指标衡量了与不利用该决策规则相比，模型的预测能力“变好”了多少，“Lift”的值越大，则该决策规则对于模型有效性的贡献程度越大。

续表

序号	决策规则	分类	Lift 值
5	公司属性 = 中央国有企业→行业 = 工业→固定资产周转率< = 2.2007	财务公司	6.5
6	公司属性=地方国有企业→行业=材料→筹资活动产生的现金流量净额（元）<= 1.832648e+009→流动负债/总负债 > 83.5365 →存货周转率 > 4.6271→营运资本周转率<= 7.03226		6.4
7	公司属性=地方国有企业→行业=能源		5.7
8	公司属性=中央国有企业→行业=公用事业→应收账款周转率< = 10.5108		5.5
9	行业=工业→每股营收 > 5.6256→流动资产/总资产<= 43.369 →经营活动净收益/利润总额<= 78.0683		5.2
10	公司属性=地方国有企业→行业=材料→筹资活动产生的现金流量净额（元）<= 1.832648e+009→存货周转率 > 4.6271→营运资本周转率<= 7.03226		4.9
11	公司属性=集体企业		4.9
12	公司属性=中央国有企业→行业 = 工业→非流动资产周转率< = 3.942688		3.6
13	公司属性=地方国有企业→注册资本（元）> 1.816273e+009		2.6
14	公司属性=民营企业→注册资本（元）<= 2.175737e+009→资产总额（元）> 1.192566e+009→收入（元）> 3.627504e+008	银行	1.4
15	行业=材料→存货周转率<= 4.6271		1.4
16	公司属性=民营企业→资产总额（元）> 7.351435e+009→非流动资产周转率 > 0.4287055		1.3
17	公司属性 = 中央国有企业→行业 = 工业→固定资产周转率 >2.2007		1.1
18	公司属性=地方国有企业→行业=工业→经营活动净收益/利润总额<=78.0683→流动资产/总资产 > 43.369		1.1
19	公司属性=地方国有企业→行业=材料→筹资活动产生的现金流量净额（元）<= 1.832648e+009→存货周转率 > 4.6271 →营运资本周转率 > 7.03226		1.1
20	公司属性=公众企业→流动资产/总资产<= 39.2738		1.1

Deflaut Class：银行。

可以看到，“期货公司主导型”“保险公司主导型”和“证券公司主导型”的决策规则数量少且“Lift”指标的值较大，说明其判断规则简单且高效；“财务公司主导型”的决策规则较多且“Lift”指标的值位于中等区间，说明其判断规则相对复杂且有效性中等；“银行主导型”决策规则“Lift”指标的值最低，且决策规则之间共性较低，因此判断起来最为复杂，由于目前中国企业大多采用“银行主导型”的模式发展产融结合，因此该模型默认决策规则（Deflaut Class）即为“银行主导型”，意为除去这 20 条决策规则外，企业的产融结合模式均应选择“银行主导型”；由于目前我国企业采用“信托主导型”和“基金公司主导型”发展模式的数量太少，且缺乏规律和共性，因此，决策规则并没有包含这两类发展模式。

通过决策规则的分析，可以得到以下共性的结论：①公司属性为“民营”且资产金额相对较小的企业，在产融共生视角下我国企业进行产融结合模式可考虑“期货主导型”发展模式；②公司属性为“地方国有企业”且盈利能力较好的企业，在产融共生视角下我国企业进行产融结合模式可考虑“保险公司主导型”发展模式；③公司属性为“地方国有企业”且实力没有特别雄厚的企业（各方面指标偏低）可选择“证券公司主导型”发展模式；④公司属性为“国有企业”（中央国有/地方国有）且行业属于“材料”“能源”“工业”和“公用事业”等大型重资产行业（由于资产较多，导致运营能力偏低）的，可选择“财务公司主导型”发展模式；⑤其余企业，可优先考虑“银行主导型”发展模式。

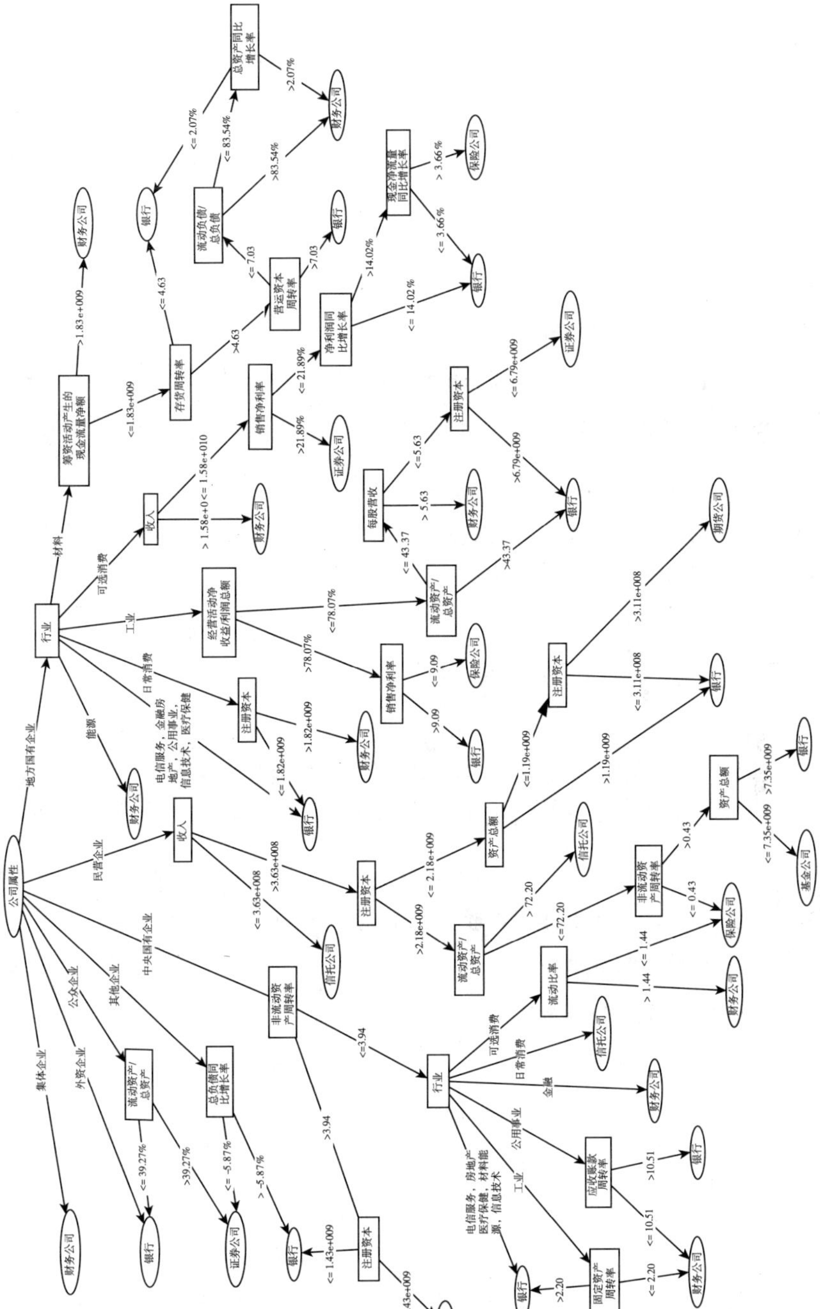

图7.9　决策树决策节点（按组织模式划分）

7.3.2 多元/单一发展模型选择与评价

采用决策树模型对我国大型企业产融结合发展模式进行选择与评价，其中企业产融结合发展模式包括单一型和多元型。本节主要解决企业特征和发展模式对应关系的问题。

（1）决策树算法实现

随机选取 70%的样本数据作为训练集，训练集包括以单一型和多元型为发展模式的样本，同样利用 R 通过 C5.0 算法实现决策树，训练出的决策树模型如下所示。

```
负债总额（元）<= 1.463999e+009：单一
负债总额（元）> 1.463999e+009：
：... 公司属性 in {地方国有企业，公众企业，其他企业}：单一
      公司属性 in {集体企业，外资企业}：多元
      公司属性=中央国有企业：
      ：... 经营活动净收益/利润总额<= 8.5252：单一
      ：        经营活动净收益/利润总额 > 8.5252：
      ：        ：... 价值变动净收益/利润总额<= 53.4936：单一
      ：        价值变动净收益/利润总额 > 53.4936：多元
      公司属性=民营企业：
      ：... 长期资本负债率<= 38.16071：单一
            长期资本负债率 > 38.16071：
            ：... 应收账款周转率<= 12.3926：多元
                  应收账款周转率 > 12.3926：
                  ：... 营业收入同比增长率<= 18.42：单一
                        营业收入同比增长率 > 18.42：多元
```

表 7.8 中报告了各指标对于决策树模型的贡献度，“负债总额”指标对决策树模型的贡献度最大，达到 100%，这说明“负债总额”

指标为所训练出的决策树模型的根节点，即起点，判断企业产融结合发展模式首先要判断其公司属性。“公司属性”对于决策树模型的贡献度也超过了 70%，说明这对于判断企业产融共生发展模式也具有比较重要的指导意义；除此之外，企业的资本结构、盈利能力、营运能力和成长能力方面的指标对于决策树模型也都有一定的贡献程度。

从指标类型贡献度来看，“资产负债”对于决策树模型的贡献度是最大的；其次为“企业基本情况”指标；在相对指标方面，“资本结构”“盈利能力”“营运能力”和“成长能力”等指标类别对于模型贡献度较大。以上指标都是企业在进行产融共生模式选择时值得参考和借鉴的方面。

表 7.8　指标对于决策树模型的贡献度（按发展模式划分）

指标类型	指标名称	贡献度	指标类型贡献度
资产负债	负债总额（元）	100%	100%
企业基本情况	公司属性	73.35%	73.35%
资本结构	长期资本负债率	27.92%	27.92%
盈利能力	经营活动净收益/利润总额	11.42%	20.05%
	价值变动净收益/利润总额	8.63%	
营运能力	应收账款周转率	4.06%	4.06%
成长能力	营业收入同比增长率	2.54%	2.54%

（2）决策树算法评价

本小节对于运用训练集训练出的决策树模型有效性进行评价。

表 7.9 是采用训练集回溯的混淆矩阵，即用训练集来对其训练出的模型进行回溯，来对模型的有效性进行初步评价。训练集为总样本（563 个）的 70%，包含 394 个企业，其中按照训练出的决策

树模型分类回溯正确的有 339 个（矩阵对角线之和），正确率为 86.04%，说明训练出的决策树模型初步有效。

表 7.9　训练集回溯混淆矩阵（按发展模式划分）

实际结果 训练结果	单一模式	多元模式
单一模式	321	1
多元模式	54	18

表 7.10 是测试集预测混淆矩阵，即将测试集的指标代入用训练集训练出的决策树模型，预测其产融共生主导型发展模式，然后与真实模式做比较，来对模型的有效性做出更进一步的判断。测试集为总样本（563 个）的 30%，包含 169 个企业，其中按照训练出的决策树模型分类预测正确的有 137 个（矩阵对角线之和），正确率为 81.07%，说明模型是有效的。

表 7.10　测试集预测混淆矩阵（按发展模式划分）

实际结果 预测结果	单一模式	多元模式
单一模式	112	11
多元模式	21	25

（3）决策规则分析

本小节会对训练出的我国大型企业产融结合发展模式决策树模型的决策规则进行分析。上节中训练出的模型共涉及 8 条决策规则，本节按照决策规则的有效性情况，即“Lift”指标大小，对以上 8 条决策规则的有效性进行排列，并对其进行分析，具体可见表 7.11。

表 7.11　决策规则的有效性（按发展模式划分）

序号	决策规则	分类	Lift 值
1	公司属性=民营企业→长期资本负债率 > 38.16071→应收账款周转率<= 12.3926	多元	4.8
2	公司属性=中央国有企业→ 负债总额（元）> 1.463999e+009 → 经营活动净收益/利润总额 > 8.5252→价值变动净收益/利润总额 > 53.4936		4.7
3	公司属性=民营企业→长期资本负债率> 38.16071→营业收入同比增长率> 18.42		4.4
4	公司属性=外资企业→负债总额（元）> 1.463999e+009		4.1
5	公司属性=集体企业		3.6
6	负债总额（元）<= 1.463999e+009	单一	1.2
7	公司属性 = 中央国有企业→经营活动净收益/利润总额 <= 8.5252		1.2
8	公司属性=民营企业→长期资本负债率<= 38.16071		1.1

Deflaut Class：单一。

可以看到，“多元型”发展模式的“Lift”指标的值较大，说明其判断规则较为有效；“单一型”发展模式的“Lift”指标的值较低，且由于目前中国企业大多采用“单一型”的模式发展产融结合，因此该模型默认决策规则（Deflaut Class）即为“单一型”，意为除去这 8 条决策规则外，企业的产融结合模式均应选择“单一型”。

通过决策规则的分析，可以得到以下共性的结论：①负债金额较大（长期资本负债率较高、负债总额较大）、资产规模较大（营运能力低）且盈利能力较好的企业可考虑“多元型”发展模式；②其余企业，可优先考虑“单一型”发展模式。

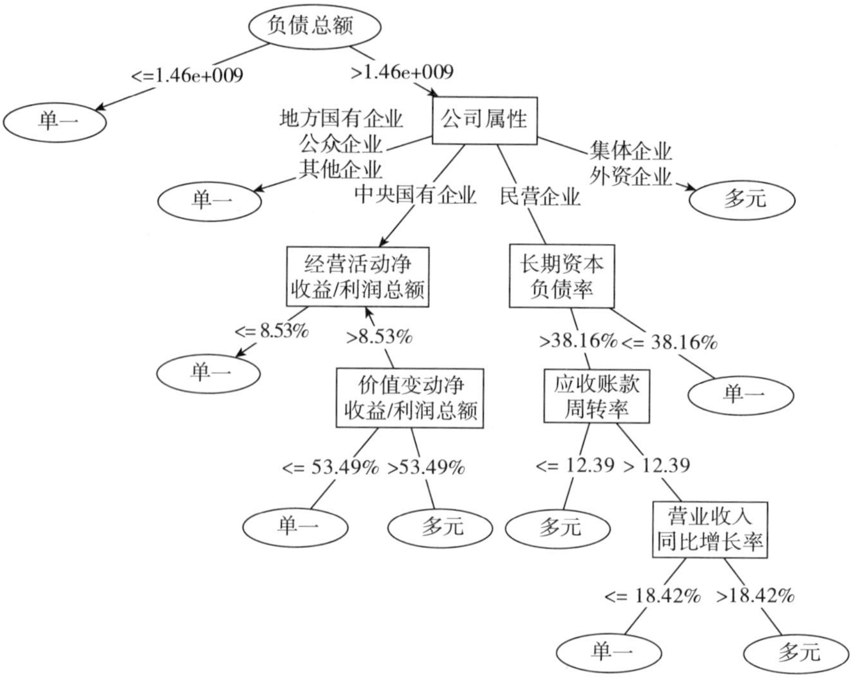

图 7.10　决策树决策节点（按发展模式划分）

7.3.3　G 企业发展、组织模式选择验证

采用决策树模型对 G 企业产融发展、组织模式进行选择验证，最终验证结果与 G 企业实际产融发展、组织模式相符。

（1）决策树算法—G 企业发展模式验证

G 企业通过 C5.0 算法实现决策树验证过程如下：

负债总额（元）> 1.463999e+009：

: ... 公司属性 in {地方国有企业，公众企业，其他企业}：单一

G 企业的决策树验证过程表明应选择单一发展模式，与 G 企业实际发展模式相符。

（2）决策树算法—G 企业组织模式验证

G 企业通过 C5.0 算法实现决策树验证过程如下：

公司属性=地方国有企业：

：... 行业=能源：财务公司

G 企业的决策树验证过程表明应选择财务公司组织模式，与 G 企业实际组织模式相符。

7.4　小结

本书采用我国大型企业产融结合成功案例的相关数据，在充分进行数据特征分析的基础上，运用 C5.0 决策树算法建立了企业产融结合组织模式和发展模式的决策规则，为未来我国企业集团后续选择产融结合模式，提供了分析工具。

除建立了具体的产融结合组织和发展模式决策规则外，本书通过其他分析还得出了以下结论：

在企业产融结合组织模式的选择上，“公司属性”“行业”和“注册资本”等企业基本情况指标分析是最重要的，“收入利润”“资产负债”“营运能力”“资本结构”和“盈利能力”等指标类别在企业进行模式选择时也有值得参考和借鉴的意义。具体来说：①公司属性为“民营”且资产金额相对较小的企业，其产融结合模式可考虑“期货主导型”发展模式；②公司属性为“地方国有企业”且盈利能力较好的企业，产融结合模式可考虑“保险公司主导型”发展模式；③公司属性为“地方国有企业”且实力没有特别雄厚的企业（各方面指标偏低）可选择“证券公司主导型”发展模式；④公司属性为“国有企业”（中央国有/地方国有）且行业属于“材料”“能源”“工业”和“公用事业”等大型重资产行业（由于资产较多，导致运营能力偏低）的，可选择“财务公司主导型”发展模式；⑤其余企业，可优先考虑“银行主导型”发展模式。

我国企业在进行产融结合发展模式的选择上，“资产负债”和“企业基本情况”是首先要考虑的指标，“资本结构”“盈利能力”“营运能力”和“成长能力”等指标类别也具有一定的参考价值。具体来说：①负债金额较大（长期资本负债率较高、负债总额较大）、资产规模较大（营运能力低）且盈利能力较好的企业可考虑“多元型”发展模式；②其余企业，可优先考虑“单一型”发展模式。

第 8 章　我国大型企业集团产融共生发展策略研究

8.1　产融共生发展路径研究

“以产定融”是我国主流发展路径，也是本书研究的范围，“产业金融跨界融合”则是最终目标。“以产定融”路径主导方为产业资本，企业集团以实体产业起家，为了继续支持实体发展，企业集团发展产业金融，实现金融内部化，不以盈利为目的，力求形成产业和金融在企业内部一体化格局，优化产业链整体融资效率和生态。这一路径“单一型”模式较多，其核心是以实体产业为主，金融业务为辅，通过金融资本促进产业资本发展，扩大市场份额，实现产融共生状态。若选择该路径，企业在期初资产规模和净利润达到一定程度后一般对资金进行集中管理，搭建内部资金池，提升集团内企业资金使用效率。随着产业扩张发展，企业通常设立融资租赁、商业保理等类机构，通过组建私募股权投资基金、筹备财务公司、参控股银行信托等方式服务全产业链客户，进而实现产业对金融控制。目前国内选择该路径的实体企业集团包括中石油、新希望、中粮、海尔等，皆是在核心主业基础上布局金融，促进产业链发展。

8.1.1　产融共生发展路径影响因素

企业集团产融共生路径主要受以下因素影响：

（1）宏观政治经济环境

产融共生路径选择与政治、经济环境关系密切，当前国内环境决定央企和大型国企走的是政府引导产融共生路径，模式是“多元化”，地方国企和民企集团则更多的是市场选择的结果。随着政治、市场环境的变化，企业集团产融共生去政府化，逐渐走向市场主导。

（2）金融监管体制趋严

我国金融业监管政策多，体现强监管特征，基本上所有的金融业务都需要审批持牌，同时法律对金融企业向实业领域扩张也多有限制，“由产到融”的产业控制金融是当前产融共生的主流路径，也是本书的研究范围。2018 年监管政策、规章制度密集发布，如资管新规、融资租赁和商业保理归入银保监会监管、《商业银行股权管理暂行办法》（“两参一控”）政策出台、金融控股集团监管试点，金融监管愈演愈烈，“以产定融”路径的部分组织模式在未来会受到一定限制。《商业银行股权管理暂行办法》中“两参一控”的规定，对“以产定融”且通过银行模式推进产融共生的企业集团影响最大，目前，不符合规定的企业集团将逐步减持银行股权至完全退出。关于金融控股集团监管试点，监管方首批已选定五家金控集团作为试点，分别为中信集团、光大集团、招商集团、蚂蚁金服和苏宁，同时根据金融集团的定义，未来拥有 2 个以上金融牌照的企业集团将面临监管限制和清理，上述也是本书将研究的视角定在“由产到融”企业的原因。

8.1.2　产融共生发展路径特点和策略建议

我国产融共生发展路径主要呈现如下特点：

第一，央企和大型国企多数逐步演化成“多元型”模式。央企和大型国企在资产规模上更具优势，能够通过政府背书拿到金融牌照。目前该种模式面临金控集团监管试点影响，未进入试点名录的央企和大型国企将逐步出售部分名下金融牌照。

第二，产融共生路径多数为地方国企和民企选择产业控制金融的“以产定融”，基本为“单一型”模式。根据实证和影响因素分析，样本企业中“产融结合”统计显示，“单一型”是我国企业“产融结合”的主要模式，产融结合“单一型”模式实现方式多样化，途径灵活。从涉足金融机构的类别划分，可分为涉足银行业、保险业、信托业、财务公司、基金业、期货业、证券业七大类别。企业集团根据自身的情况灵活选取模式。根据实证结果，“多元型”非主流模式，目前采用该模式的企业集团仍然较少，同时该模式会更多受到金融监管制约，“以产定融”是当前企业集团主流发展路径，这也是本书将研究的视角定在“以产定融”企业的原因。

第三，根据理论分析产融共生划分为初级、中级、高级阶段，从我国宏观政治经济角度评判，我国产融共生各阶段共存，目前多处于初级阶段并逐步过渡到中级阶段，高级共生已产生萌芽，产融共生由初级到高级不断演进、动态变化。初级阶段中银行金融机构是核心企业并强调通过信息化手段掌握融资企业资金运用和偿还的情况，但这种对信息流的掌握不够深入，我国产融共生多处于该阶段，企业集团多依赖银行结合方式。我国逐步进入中级阶段后，产业链中核心企业将参与整个产业生态圈运作，能够把握产业生态圈交易结构、运营情况、各参与者能力和其资金需求情况，有此丰富的社会化关系信息为决策提供辅助支撑，未来我国核心企业将更加重视信息流，强调及时、准确地掌握供产业生态圈的物流以及商流信息。高级阶段是我国产融共生的理想阶段，核心企业也逐步发展成焦点企业并通过基于互联网的生态平台了解相关多个生态圈的交易结构，基于互联网、物联网等技术的进一步扩展使用，信息来源渠道也得到了极大的扩展，平台成为产业交易的信息汇集中心。

综上所述，本书给出在产融共生视角下微观企业产融结合发展路径策略建议：坚持实体产业主导下的产融结合发展战略，逐步推进我国产融共生全面步入中级阶段。

达到产融共生状态是企业集团实现战略转型、提高产业链资金有效性的最佳手段。企业集团应认识到产融共生状态的本质，产业是基础，也是企业集团发展的核心，企业要规划好产业资本和金融资本配比，提高资金效率，实现企业价值增值。企业集团过于热衷金融利润，过度金融化会带来实体产业萎缩的风险，金融高风险甚至会拖垮企业。因此企业集团产融共生应循序渐进，始终根据产业链客户需求开展创新金融业务，围绕产业价值链深化和用户多样化需求，不断整合延伸产业链前后端，以金融促进产业升级转型，为企业实体产业长远发展提供助力支持。每家企业都达到最好状态，整个产业就能实现产融共生状态的第三阶段。

在产融共生视角下企业进行产融结合发展应基于企业实体产业需求，坚持“以产定融、以融促产、产融结合、服务主业”的战略定位，充分发挥产业和金融资本的协同效应，实现各种生产要素有效配置。

（1）生产环节决定金融规模

金融应坚持“以产定融”的前提条件。没有生产环节，产业金融便是“无本之木”。产业金融的发展规模，根本上需通过生产规模决定。因此，应根据企业的实际排产量、下游客户需求、上游供应商需求及集团各子公司的运营状况，确定产业金融规模。“以产定融”，主业应居于相对主导地位。在任何产融结合的过程中，主业从来都不应该是金融的“附属”，不能片面地追求金融业务规模盲目扩张。只有始终保持以实业的高效生产和顺利销售作为大前提，方可充分发挥金融杠杆对于主业的促进作用。公司的实业主营销售业务的发展与繁荣，赋予金融业务更多实际意义。因此，要提高实体产业的研发水平和产品质量，不断拓展主业销售市场空间，做大做强主营业务，完善发展公司的经营领域，通过产业的发展来激发集团内外对金融业务的需求。

（2）生产环节决定金融服务方向和范围

金融业务的开展主体可分为融资租赁、基金公司以及财务公司等不同实体。由于相应金融实体建立过程的难易程度不同，公司金融业务的发展可以根据自身业务的需要进行选择。通过生产环节决定金融服务方向和范围，避免盲目追求全牌照经营或者追求短期金融利润。

（3）融资便利化助推产品销售市场的不断开拓

企业的主业销售和金融服务二者之间共生共赢。金融服务应对主业起到促进作用。企业要充分利用金融综合解决方案，提供融资、销售、顾问等配套服务，既能抓住主业发展的市场规律，扩大主业销售的市场份额，又可开发潜在的金融客户。要提高客户与潜在客户的融资便利化水平，将金融服务渗透于供应链上下游的各个环节。加大力度发展存货融资，比如制造业的产品运输保险等，通过遍布于供应链的各类金融服务，提升对客户群体的吸引力。一方面有利于提升企业各大客户的认可度与忠诚度，增加其转换成本；另一方面可降低潜在客户的购买门槛，助力市场开拓，提升主业规模。

（4）促进主业，避免比重失衡

涉足金融行业的目的在于促进企业主业的发展。与传统第三方金融机构不同，产业金融应始终以服务主业为己任。金融服务是企业集团层面实施总体战略与财务职能战略的工具，要抑制金融企业“独立”发展、比重失衡的倾向。金融业务应配合企业整体战略实施，帮助企业实现其净资产收益率、杠杆比率、净利润等财务目标。同时，建立企业实体产业与金融部门的沟通协调机制，使金融服务直接对接实体业务。要在企业整体安排下，协调主业与实体的工作进度，避免出现各自为战的局面。

（5）产融结合实现业务多元

实现主业与金融结合，延伸企业集团产业链。将企业主业与产业金融视为产业链中的不同环节，实现优势互补，达到“1+1>2”的效果。从本质上看，金融服务与主业同样都能创造经济价值。通过产融共生发展，拓展金融业务，金融服务成为企业集团新的利润增长点。通过整合企业集团主业中的市场优势、技术优势、人员优势及品牌优势等，使企业集团主业的优势有效迁移至金融领域，迅速提升竞争力。不同行业具有各自的周期性，主业与金融结合，一定程度上可抵消二者周期性带来的弊端，分散风险。金融为实体服务是产融共生的具体表现和方法。金融服务通过信托、保理、私募产业基金、融资租赁、财务公司等金融实体进行融合，实现产融共生的核心目标。有的企业通过资金集中管理，可以实现内部资金调剂余缺。其次，这种企业内部资金融通方式，可盘活闲置资金，提高资金使用效率，减少对外借款利息数额。

有的企业发展融资租赁业务，直接租赁业务与下游客户购买行为息息相关。客户可以选择租赁方式获得设备使用权。租赁公司直接付款用于购买租赁标的，然后将标的出租给承租人使用，承租人按期缴纳租金。一方面租赁业务可充分消化企业剩余资金，并通过回收租金的方式增加利润；另一方面该融资方式很大程度上吸引潜在客户进行购买。

金融业务细分为债权类投资与股权类投资，后者以产业投资基金为代表。这也解释了有些企业，选择入股基金公司作为产融结合的模式。以企业集团内基金公司为平台，以主营销售业务为依托，研究投资方案，寻找投资机会。整合行业资源，实现资本对接产业。产业投资基金除投资本公司的主营业务领域产品外，还应向产业价值链的其他环节渗透，通过涉足与主业有相关性的多种领域，寻求更广阔的发展空间。

有实力的企业可以成立财务公司，充分发挥其结算功能，减少资金的在途时间，提高资金使用效率。充分利用财务公司的金融功能，统筹协调财务资源，优化资源配置结构，加强资金集中管理，实现价值最大化，服务企业集团战略发展。财务公司将通过对成员单位办理贷款、担保、票据贴现及成员单位之间委托贷款等方式，为客户提供多种便利化服务，实现企业主业与金融服务相互促进，共存共生。

（6）加强内控防范风险传递

在产融共生视角下企业产融结合发展一方面可带来利润增长与业务多元化，提高资源配置效率；但另一方面引入金融业务将带来一定财务风险。金融是一把“双刃剑”，金融产业的杠杆一定程度上会放大企业集团层面的杠杆比率。因此，要加强内部控制，限制杠杆比率，有效避免金融风险向实体产业蔓延。应该对期限错配风险、流动性风险、利率风险和汇率风险等进行集中管控，确保风险控制标准流程一致，避免分散管理模式下的风险发现与应对措施不足。

（7）加强协同效应，促进主业发展

应充分发挥主业与金融之间的协同效应，主业是二者的核心，决定金融业务的规模和发展方向；金融能“反哺”主业，拓展主业市场份额。坚持产业与金融共生的核心目标，坚持让金融立足主业、服务主业。金融业务不仅是新的业务增长点，同时，要增强其与主业的互动。与第三方机构相比，企业集团内部金融业务对整个供应链拥有更丰富的信息资源，即便信息资源完全相同，金融业务也能凭借自身专业优势，更加科学合理地整合信息资源。产融共生应突出自身优势，开发更多增值服务，为客户与潜在客户提供“一揽子”解决方案，始终贯穿于客户购买的全过程。

（8）厘清战略规划，避免贪大求全

整个金融业务应坚定对未来主业发展的信心，梳理企业集团远景目标，对金融的“双刃剑”角色有充分认识。避免走入只追求产融结合短期绩效和工作业绩，什么牌照都争都搞，贪大求全的歧途。应充分辨识所从事的金融业务对主业是否存在促进作用，尽量不涉足脱离主业的金融服务。

（9）调整“产”“融”比重，遵循“小步快跑”

选择产融共生的企业应立足主营业务发展，合理分配产业资本与金融资本的比重。始终坚持高端研发制造类企业的定位，让金融资本服务于产业资本。金融资本的增加应循序渐进，增强对金融风险的规避能力。金融业务应根据主业的不同发展阶段，及时调整产业资本和金融资本比重，审时度势，趋利避害。应立足于金融对于实体产业的带动作用，避免比重失衡。在二者结合过程中，要“小步快跑”，审慎经营，避免一味地追求金融业务规模的扩大。在现有的产业链范围内延伸金融业务，服务主业发展。

8.2 产融共生状态下微观主体产融结合进入模式建议

8.2.1 产融共生状态下微观主体产融结合财务公司进入模式建议

财务公司是企业集团产融结合的一项特殊制度安排。银保监会根据制度法规将财务公司定位于为内部成员单位提供资金集中管理、内部信贷等金融服务，财务公司产融共生模式是比较成熟的，在大型企业集团中应用比较广泛。财务公司在企业集团产融共生中契合度最高，是比较推荐的进入模式。

财务公司依据《公司法》和《企业集团财务公司管理办法》设立，其功能定位为资金集中管理，提升资金有效性。企业集团通过财务公司的资金集中管理可以获得竞争能力的快速提升；调剂成员单位间资金盈缺，完善资金管理功能，财务公司通过内部借贷可调节成员单位的资金盈缺，提升资金有效性，进一步优化资本结构；强化融资优势，支持集团持续发展。财务公司可站在企业集团整体利益角度，按照实际经营情况，选择更高效的融资方式，同时，财务公司为持牌金融机构，可开展同业拆借业务，银企关系得以强化；能够以产定融，服务主业。财务公司金融服务囊括企业产业链上下游，财务公司的资金、结算、风险管理等业务都是紧紧围绕核心主业展开，并同时拓宽到上下游企业，在全产业链上优化资源配置，促进产业链客户协同发展；进一步向专业化产业金融机构发展。

财务公司在产融结合中的战略意义。财务公司具有“服务内部，外延发展”的鲜明特征：服务内部包括资金运作，对资金进行集中管理，开展同业拆借、银团贷款，外延发展则主要在产业链内开展买方信贷、消费信贷、商业保理、融资租赁等业务。后期，财务公司可突破企业集团业务边界，以企业集团发展战略为导向，主动调节产业结构，直至成为专注于多领域的产业金融机构。

企业集团与财务公司产融结合的发展阶段。受到企业集团产业发展深度、金融业务产品成熟度、产业链市场活跃度、金融监管影响，企业集团与财务公司产融共生将逐步演化，主要呈现三个阶段：第一阶段，初级财务公司，专注于集团资金集中管控、结算、内部信贷等基础业务。第二阶段，司库管理型财务公司。第三阶段分化为两种，司库基础上多元化和产业延伸的产业金融型财务公司。

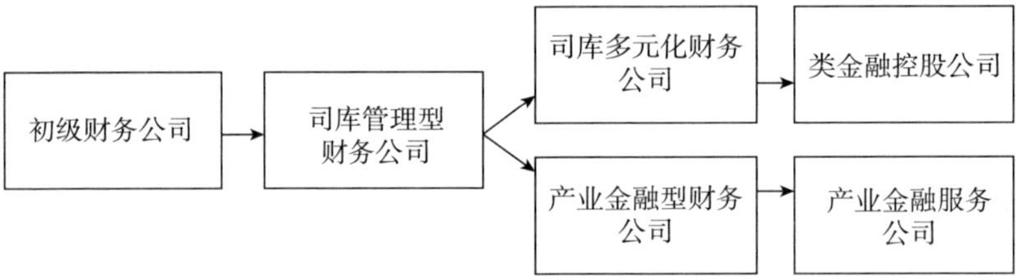

图 8.1　财务公司发展阶段

（1）司库型财务公司模式

司库模式由决策、执行、操作三个层次构成。决策层制定规划、策略、预算；执行层即财务公司担任的角色，负责资金集中管理和融资执行；操作层主要负责开展具体业务。司库财务公司可发展提供多样化服务：资金管理，如构建集体资金池，资金预算及预测，资金监控，本外币一体化管理；融资管理领域，司库财务公司对融资进行整体把握。在资金管控系统和现金流预算支持下，财务公司根据汇总年度资金余缺，根据资金缺口合理安排融资计划。

（2）司库多元化财务公司与类金融控股公司模式

司库多元化财务公司：财务公司开展关联金融业务，推进多元化。随着业务发展并获得银保监会审批的子业务牌照，财务公司将根据企业集团需求陆续开展证券市场投资、财务顾问、拟 IPO 金融机构股权投资、证券承销、保险代理等金融业务。该模式特点为：企业集团资本实力雄厚，能够为产业链提供综合金融产品和解决方案，初步实现多元化；企业集团与财务公司保持良好的资本纽带，实现金融服务、技术、信息、物流交互共享；企业集团产业纵向一体化，财务公司金融业务横向一体化，两者实现交叉融合。随着金融业务的逐步发展，司库多元化财务公司将逐步演化成类金融控股公司，即拥有金融牌照的多元化，以参控股方式进入银行、保险、基金、证券等金融机构，实现产业和金融资源协同提效。该种模式弥补了财务公司金融业务的不足并拓展其经营领域。

（3）产业金融型财务公司与产业金融服务公司模式

产业金融型财务公司专注于企业集团的核心主业，为整体产业链的转型升级改造提供配套的综合金融解决方案，服务对象包括企业集团及内部成员单位、相关联的上下游企业及关联方。这类财务公司将企业集团与相关产业利益关联方纳入服务范围，该种模式的战略意义在于：该种产融共生以供应链核心企业发展带动产业链优化转型；使核心企业的信用传导至上下游，增强产业链整体信用，促进产业链关联方能够接触更多的产业金融服务，如商业保理、买方信贷、消费金融、融资租赁等，同时与包括银行在内的外部金融机构形成协同互补；提升产业链资金有效性。财务公司将资金匹配给竞争力较弱的产业链关联方，解决其融资难、融资贵的问题，降低产业链整体融资成本，促进长期协同合作，加速产业链整合，提升产业链实力和规模。随着产业集中度提升、产业链企业发展壮大、产业板块战略扩张，产业金融型财务公司也逐步演化为产业金融服务公司。产业金融服务公司的发展设立主要有两种方式，第一种通过关联产业链上的几家财务公司的联合重组构成，第二种则是不同产业链的核心企业或其财务公司战略投资组建产业金融服务公司。该种模式下企业集团的产融共生维度从核心主业扩展到多个相关产业链，服务涵盖产业链整体标准化服务和微观个体定制化服务。

8.2.2 产融共生状态下微观主体产融结合其他进入模式建议

企业集团需要根据自身实际业务需要选择合适的金融实体推进产融结合。从涉足金融机构的类别划分，除了财务公司之外，还包括银行业、保险业、信托业、基金业、期货业、证券业六大类别的金融实体。上述金融实体定位受到监管影响及政策制约，决定在产融共生中能够发挥的意义，并构成企业发展战略，这些金融资本与产业资本的契合度则各具特色。

除了少数国家金融控股集团，如中信、光大等实施“由融到产”的产融共生模式外，其他企业集团基本是同小型城商行、农信社进行产融共生，但也受限颇多。选择银行作为产融结合的进入模式，无疑是较好的途径，但企业进行产融结合的过程仍然要考虑“两参一控”等金融政策的影响。

企业集团投资证券公司，主要为了分享行业的高投资回报率，但我国证券市场化程度低，波动大，风险高。同时证券公司与企业集团实体产业链关联度低，很难实现金融和产业资本融合。在“由产到融”模式下，金融没有发挥服务主业的作用时，应当审慎考虑是否进入证券行业。

通过期货公司为切入点进行产融共生的企业集团多为民营企业且资产金额相对较小，产融共生的目标主要是为进行套期保值，规避价格和运营风险，烫平销售利润。同时，通过产融共生，企业集团参与控股期货公司，可以将交易费用内部化，更好地保障产业集团资本的安全性并提升效率。期货公司和企业集团的契合度一般。企业集团，一般是大宗贸易型企业集团通过期货公司模式切入产融共生，其不以盈利为目的，无法服务产业链客户，主要是进行风险管理，保障现金流的稳定，进一步发挥价格发现功能。

信托横跨资本、货币和产业市场，拥有制度红利的同时也面临更多的监管规制，业务开展受限太多。这使得信托与企业集团的产融共生只能单向契合，即信托公司为企业集团项目融资，其无法使用社会资金，除非对方是单一资金方。信托与企业集团产业资本的匹配性一般，主要原因是受制于金融监管和管制。信托无法成为自融平台，仅能成为企业集团的投资平台。信托本质侧重投资，是资产管理平台，其战略发展方向如下：成为集团投资平台。企业集团通过信托公司筹集社会资金后，再作为次级资金进入信托，完成集团产业上下游或跨产业链投资。对于核心供应商，可推进私募股权投资，实现供应链资金有效性。例如，中粮集团旗下的信托平台，引入战略合作方路易达孚等，通过发起设立 60 亿元农业投资基金进行资本运作，拓展产业投资，开展资产并购。企业集团通过信托围绕产业方向进行重点突破，利用结构化放大集团杠杆进行并购，扩大集团自有资金的使用效率，提高自有资金的收益率。企业集团初期一般选择融资租赁进行产融共生，在实践中，融资租赁投资配比资产较为广泛，但其最大的瓶颈就是资金问题，目前融资租赁划归银保监会监管，随着金融管制趋严，其资金来源更加受限，因此，企业集团与融资租赁的共生程度，主要取决于集团的整体资金实力。

融资租赁公司在产融共生中配合度较好，得益于融资租赁业务品种多，有直租、转租赁、委托租赁、售后回租等，其不仅能服务企业集团产业链上下游，还可以借助产品将核心主业产品及服务延伸到整体产业链参与方。

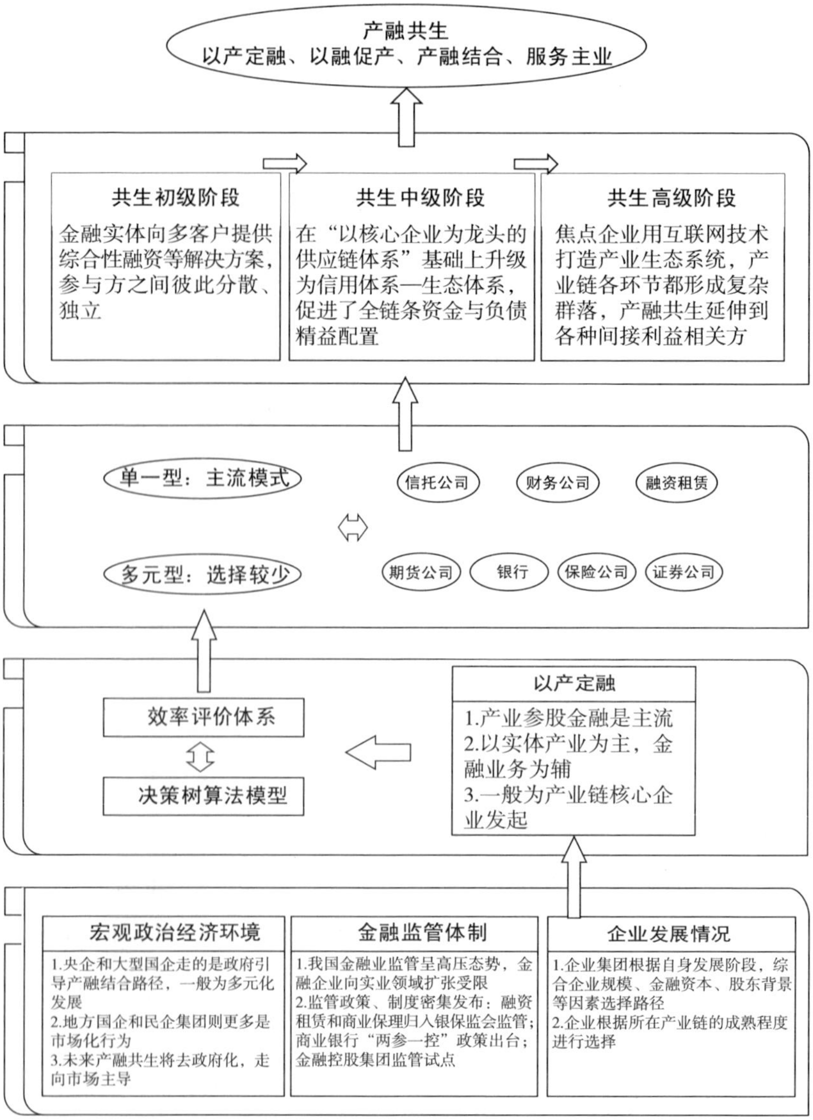

图 8.2　产融共生战略地图

8.3　加强产融共生的风险防控与监管

审视产融共生状态下微观主体产融结合过程中面临的这些不同类型的风险，要构建一个合理的风险管理体系，要从多方面入手，以并行结构对企业运营的不同环节进行风险管控。在过往针对产融共生的研究基础上，本书将上述不同类型风险定位于企业运转的不同链条上讨论开源的管控策略，总的来说，产融共生状态下微观主体产融结合企业牵涉的业务领域更加广泛，纳入的风险考虑也相应增加，集团整体的系统性风险在规模上被放大，在程度上也被加强。由于产融共生状态下微观主体产融结合发展尚以“以产定融”的结合模式为主，本书从企业为主导者发起产融共生的角度出发，从管理、业务和资金三条链式结构上讨论对产融共生后企业集团风险管理体系的构建。

综合审视这三条关系，可以看出产融共生状态下微观主体产融结合过程中，风险管理体系三条主链相互联系并相互依托发展，不能脱离三者的整体结构而完全控制任意一方。资金在资金链上的流动是控制产融资本风险的直接手段，业务链四条线是风险管理体系的核心元素与目的，四条线之间又存在相互依存、相互制约的整体结构关系，而管理链四种措施的运用则是决定风险管理是否能够成功的前提和关键。而三条链上资金、业务和管理信息则依托于其信息链上的流动汇总，可以说一条完整的信息链是串联整个风险管理体系的线索和纽带。

8.3.1 资金链风险防控与监管

从资金链的角度不谈具体业务范畴，仅针对集团内资金流入汇集、分散流出及产生循环的全过程入手，以资金的集中管理、明确记录、严格审批和用后抽查为主要方面进行资金链断裂、高财务杠杆、不正当资金使用的预防，做好风险沿资金链蔓延的财务协同风险防范工作。

要达到以上目的，最重要的一条就是做好资金的集中管理，包括企业集团核心金融部门对所有子公司产业资本金融资本的集中汇集，不同账户实施分层处理机制和各种财务账款管理、商业票据统一汇集和企业年金集中管理等具体方式。通过资金和债务的集中管理实现资金流配置和风险的集中管理，提高企业集团资本充足率。同时，要对资金链进行监控，做到逐项资金流入或流出均有记录、申报审批手续齐全。同时对不同笔资金进行等级划分，对于重要的资金流动设立严格的审批过程，其他等级的审批尽量简化中间环节，力图保障高效的资金运转。同时对于财务杠杆风险的存在要尤其注意，企业集团在进行产融共生的资金运用时要有自己对应的财务编制准则，尤其在由集团下辖金融机构向集团内进行资金调拨时对同一笔资金在各个公司及各个环节的应用都要有相同的标注，这样能减少因同一笔资金在集团内部流转，在集团财务报表上重复出现，导致的账面资产虚增等高财务杠杆和信用膨胀等情况。以上对于资金链的风险管理过程应与信息链相整合，在信息化管理平台上搭建企业资金平台，以期多链条协同控制风险的高效性。

另外，要设置产业资本和金融资本各自的止损规则，这一规则应覆盖产业资本损失和金融资本损失两个方面，以防金融风险通过资金链蔓延。产业资本损失，包括企业或下辖子公司出现经营困难和财务危机，需要紧急融资或内部拨划避免资金链断裂时，要预先开展评估流程，不能盲目拨款，更要在拨款前设立一定的熔断机制，不可无限制地提供资金援助，谨防产业资本风险沿资金链蔓延至金融资本上。而金融资本损失一旦发生，要根据预先拟定的止损规则进行评估，是否剥离该部分损失资本，面对具有传染性的财务协同风险，必要时也需要将造成该资金链受损的亏损业务果断从集团内剥离，并在后续处理阶段，制定好如通过公开发行或私募等缓释金融风险的股权稀释机制，但不可随意调拨集团各成员营运资金以防资金链的断裂。

8.3.2　产业链风险防控与监管

以企业集团经营的主营业务为基准，从业务链、客户链、信息链和供应链四个角度进行风险管理，以抑制系统性风险在沿产业链上的传染和扩张。

业务链方面，在业务链的角度上考虑风险管理体系的构建，就要从企业的主业和金融市场业务两个层面来考虑。在主产业方面，要防止产融共生后业务整合不充分的问题，就必须按照金融资本在产融共生战略上的使用目的，拓展相关业务。如能够成立财务公司或成为非银行金融机构的控股大股东，则金融资本应以企业的主业为依托，以多元化经营方式服务主业为宗旨，立足于集团整体发展战略，综合考虑集团的需求及资源状况，明确是否能够为主业发展提供金融服务，在产业链中拓展高附加值金融业务。但同时为了防范相关性风险，在业务构建时不能使主营业务与衍生金融服务的相关性过强，最好能够令金融资本所衍生出的业务依附在核心主营业务之上，且若将这一部分业务剥离，原有主营业务仍能较好地存在于市场竞争环境之中，这样一来也能防止金融业务的周期起伏，逼近主营业务的周期带来同涨同跌、业务经营收入波动过大等不稳定现象，产业风险沿资金链传递至金融业务上的典型系统相关性风险。

而在金融业务方面，要控制如商业票据、贷款等风险业务的规模，降低对短期债务的依赖，降低杠杆率等来改善资本结构。并且一旦涉足产融集合，在金融衍生服务依附的同时，金融市场系统性风险便会进入企业的日常运营之中，应以建设具有独特优势的金融业务板块为依据，而不能单独考虑金融业务的短期利润，才能为金融风险的防范作出基础性的贡献。

客户链方面，在客户链上，道德风险是最重要的控制部分，产融共生后企业的客户范围可能发生不小的变化，客户类型可能是原材料供应商，可能是加工厂，可能是企业的产品客户，更可能是企业集团内部下辖的子公司。因而更要做好客户的管理维护。针对新拓展金融业务客户的授信等，防止因得到金融资本的支持而放松对客户背景的要求，避免大量开发面向以往因信用等条件不满足而不予开展业务的客户，进而产生负担不良资产的道德风险。

信息链方面，信息链风险控制涵盖经营及投资活动等相关信息的梳理、汇总和分析工作。信息链的风险管理主要体现在，协同资金链和管理链的风控方面，在现代企业的发展过程中拥有一个覆盖范围广泛、运行稳定、逻辑清晰，便于不断录入和整合各条链信息的企业信息化平台，作为提高企业内部信息风险管理效率的必要途径，能够将产融共生后金融机构及金融资本的交易、财务和决策信息等有条理地归档，便于管理链的清晰审阅和对公司内部关系的有效剥离。而在外界摄取有关企业集团的信息方面，除了依照法律条例，做到重要信息公开和机密信息保护外，维护好媒体公关关系并保持良好的社会公众形象，做好品牌建设，提高品牌价值，创造良好的负面事件抵抗力也是抵抗系统性风险的重要部分。

供应链方面，从企业资源观出发，从具体各企业的核心竞争力角度出发，对供应链的风险管理能够实时监控企业的资源利用现状和资源发展情况，并充分发挥供应链可结合金融资本环节较多这一业务整合方面的优势。但更重要的是，做到避免关联性风险的发生，因供应链涉及外部服务商和内部物料、资金周转的环节多而复杂，因而供应链金融客户的筛选、授信和监管，供应链上对资金周转率要求和不良资产的处理，与资金链、客户链和信息链的整合工作将是供应链风险管理的重要组成部分，这样控制供应链一处风险事件发生将迅速导致连锁反应的负面影响成为供应链上风险管理的核心环节。

由此看来，产业链的四大方面是一个密不可分的整体结构，业务链和客户链存在着相互选择相互依存的辩证关系。供应链支撑着业务链的发展，而信息链则以产业链上所汇集的信息为主要构成部分。因而不论具体做法，做好产业链的风险控制的核心，是要以控制关联性风险、道德风险和整合风险为主要目的，以此为目的，依托管理链的四条主要渠道的控制，并结合资金链良好的资金保障，才能使得产业链上涉及的多方风险得到全面的衡量与管理。

8.3.3　管理链风险防控与监管

在管理链的风险控制方面主要从四种层面入手，分别是战略层面、监督层面、执行层面和防范层面。

战略管理方面，控制管理链风险的源头要从战略的角度入手，这是奠定产融共生风险管控有效性的最基本步骤。从企业制定战略上主要控制着产融带来的多样性风险和结构性风险。

多样性考虑的是，是否进入产融共生和选择什么样的途径和对象进行产融共生。广泛的学术研究证明，国内多实行由产而融。在成立财务公司方面的发展结果，要好过控股证券业和银行业。控股其他金融机构则未能带来良好的协同作用。在发展的过程中，首先要认识到自身的竞争优势，以此为核心竞争力，再审视产融共生对核心竞争力是否有明显的推动作用。

另外，是在保持企业核心产业稳定的基础上，搭建好能够协同整个集团同步发展的产业结构比例。产业资本与金融资本各自所占的比例取代了结合前的全产业资本的形态，结合后资本结构中过高或过低的金融资本占比，均不利于产融共生的治理。尤其是在利用金融资本谋求在金融市场上获利时，要严防结合后资本运用中心过于倾向于金融市场而导致的资本脱实向虚现象出现，因此在管理战略上仍要以金融资本的运用在企业核心竞争力的发展上为优先选择，着重在科技创新和产业链各个环节上进行投资以及提供财务服务。如何掌握资本最优配比控制结构性风险事实上是很难严格给出统一答案的问题，因此要利用如今数据科学及相关学科知识，根据产融共生的实际结果构建业务收入边际收益模型，并每年定期进行模型重建和评估，从而不断根据新的业务年的实际经营收入情况进行模型修正，如此进行动态优化是衡量产融共生是否不足和过度的有效方式；也是在了解资本的使用效率的情况下决定产融共生是进一步发展还是退出的可行选择。若是选择向金融机构控股的产融共生策略，应选择声誉好业绩能力强的大机构参股或选择内部结构清晰、管理层次不复杂的公司避免控制风险的发生。

风险监控方面，在管理链对其他两条链的控制方面，监督和控制是最主要的两种手段。监督的主要目的是防止法律风险和内部交易风险的产生。严守金融监管要求，如对资金链每年定期进行审查，利用内部审计部门和外部审计机构的各自独立工作，进行金融资产盘点。此外配合外部监督，重点关注政策动向和最新监管条例并对企业外部交易和内部监管条例制度进行相对调整，配合执行团队的执行力度确保不会出现违规操作，同时做到防止内部勾结关联的监管风险发生。

业务执行方面，根据上文在管理风险中提到的我国金融机构存在的主要公司结构问题，管理链控制执行风险的宏观层面是要加强公司治理机制建设。更要设立人事防火墙，严格设定任职资格限制。在微观层面管理人员素质和执行力度则是风险管控的重点。严格执行业务计划与奖惩机制，定时汇报工作进展；此外在突发事件发生时管理人员能作出快速有效反应，在控股其他金融机构的结合形势下，在明确本方企业对对方的控制力度的条件下加强产融双方的信息沟通，在面临利益相悖的决策风险时以控制力度为基础，以最大化双方利益为目的进行决策分析并依照管理层级严格开展工作则是业务执行风险的主要部分。

风险防范方面，在管理层的防范层面主要分为预先防范、经验总结和推广。产融共生初期的预防机制主要体现在战略的准确性，企业人员的执行力度和核心产业的竞争力稳定性上，基于此基础上不断对企业运营三条链上出现的问题进行及时记录、分析和反馈，着重于发生不良事件前某些运营指标出现数据异常等预警现象，结合在信息链风险管理所提到的集团信息化平台和资金链风险管理的用后抽查环节，在平台上建立并整合这些事件档案并以此构建风险评估模型、对应预警指标和预警机制。此外对于产融共生后业务运作的成功案例要及时总结和推广，通过 GE 公司有其可复制的并购模式这一成功范例看来，标准化业务模式对于开展新业务的效率和不稳定性能有很大提高。

8.4　小结

产融共生发展路径应坚持实体产业主导下的单一型产融共生发展战略，基于企业实体产业需求，坚持“以产定融、以融促产、产融结合、服务主业”的战略定位，充分发挥产业和金融资本的协同效应，实现各种生产要素有效配置。

产融共生状态下微观主体产融结合的进入模式充分考虑多重因素。从产业资本匹配度维度考虑，信托匹配度一般，主要原因是金融管制过多，信托可以作为集团投资平台，但不能成为企业的自融工具。融资租赁匹配度较好，根本原因在于金融管制少、金融产品多样化，但现在融资租赁已划归银保监会监管，未来监管趋严，资金来源受限，产融共生匹配度会减弱。期货公司和企业集团产业资本的契合度一般，期货公司进行产融共生主要为风险管理，不以盈利为目的。企业集团应根据自身实际需求选择进入证券、银行业，证券受制金融监管且其金融业务与企业的产业链关联性不大，而银行经营地域受限且严控关联交易，同时受“两参一控”影响，很难真正与企业的产业链实现融合。

财务公司是企业集团产融共生的一项特殊制度安排。银保监会根据制度法规将财务公司定位于为内部成员单位提供资金集中管理、内部信贷等金融服务，财务公司是较为理想的进入模式。财务公司在企业集团产融共生中契合度最高，是最优进入模式。同时根据企业集团产业发展深度、财务公司市场化程度、金融监管制度等因素，企业集团与财务公司产融共生将逐步演化，主要呈现三个阶段：第一阶段，初级财务公司，专注于集团资金集中管控、结算、内部信贷等基础业务；第二阶段，司库管理型财务公司；第三阶段分为两种，司库基础上多元化和产业延伸的产业金融型财务公司。

第9章　政策与建议

9.1　引导大型企业集团以主业为核心，平衡实体与金融业务的发展

9.1.1　围绕主业，实现实体产业和金融业务有效协同

首先，大型企业集团要结合实业谨慎选择产融共生发展路径，以巩固自身主营业务为主线，坚持“以产定融、以融促产、产融结合、服务主业”战略。对于国内行业龙头企业，要时刻谨记引入金融业务，是为围绕主业展开服务，实现产融互动，以巩固自身的核心竞争力，没有实体产业的稳健经营，集团内部金融业务的稳定发展也就无从谈起。其次，大型企业集团要积极探索走特色专业化金融发展之路。国内部分企业虽然积极拥抱产业金融，但并不能深刻理解产融内在原理，而是不断地向非关联的金融领域拓展业务，以追求利润最大化为目标，不仅无法实现实体与金融业务的协同发展，还会增加企业集团潜在的金融风险，所以探索发展特色专业金融业务，实现有效协同成为可行之举。例如，支线客机单体售价金额较大、业务周期长、潜在风险较高，为推广支线客机，中国航空工业集团特成立金融租赁公司为客户提供直租业务，租赁公司以集团为后盾，依托雄厚的资金实力和集团客户群，凭借支线客机专业能力

和行业经验，带动主业销售的同时也实现金融业务的长足发展。再比如石化企业集团积极设立财产保险公司专门开展油气专项设备保险业务，以油气业务为核心，定位服务油气主业，走特色金融业务布局。财产保险公司凭借行业专业性，将外部成本内部化，而稳定的保险费收入也可以支撑集团金融业务持续发展壮大，也满足集团发展过程中对专项设备的财产保险需求。

9.1.2 确保实体产业和金融业务的均衡发展

产业与金融平衡推进，企业集团才能平稳发展，重产业，轻金融，无法有效利用金融实现集团产业跨越式发展；如果轻产业，重金融，则可能会喧宾夺主，挤占和蚕食实体产业发展的基础。企业集团金融业务扩张的规模不能超过实体产业的杠杆承受能力，金融业务的高杠杆在提高收益的同时也扩大了风险，企图通过金融扩张来推动产业发展是不足取的，如果风险把控不当甚至会让企业集团陷入绝地。所以企业集团不能为获取超额金融业收益而盲目放大杠杆，金融业务规模不应超过企业集团所能承受的信用范围。同时，企业集团实体产业扩张要在金融业务所能承受的范围之内。金融是推动企业实体产业的助推器，拓宽了企业集团融资渠道和投资平台，并能够为产业收购兼并提供足够的金融支持；但金融机构不能成为企业的提款机，企业需要根据战略规划控制好产业扩张、并购的规模和速度，量力而行，不顾财务风险盲目扩张，一旦资金链断裂，企业集团则会陷入困境，德隆就是前车之鉴。

9.2 完善支持产融共生的政策措施

产业集团金融业务有别于金融机构所提供的金融服务，其不是纯粹以盈利为目的，而是服务主业及产业链。国家应该出台相应政策，支持符合条件的大型企业集团走产融之路，同时也应坚持审慎原则，一方面将产业集团金融业务的监管纳入国家金融监管体系中，另一方面也要考虑企业集团主业发展需要，有针对性地适度放宽产业金融业务范围及管制。

9.2.1 区别对待产融集团

要根据企业集团业务实际、所在行业特征和运行管理情况，采取针对性的、有别于传统金融机构的政策指引。总体来说有三种导向：对倾向于金融市场套利、资本市场运作为目的的，应当予以限制；对于为获取金融利润为目的的，需要进行引导；对于着眼企业集团主业发展，提供完善金融服务为目的的，需要给予鼓励。

9.2.2 积极支持企业发展财务公司，拓展租赁、产业基金业务

从政策角度，希望主管部门研究拓宽财务公司的融资渠道，放开融资限制，扩大服务范围，支持其进行外部融资。扩大财务公司内部资金融通范围，降低存款准备金率和税负水平，明确设立分支机构的条件，支持符合条件的大型产业集团设立区域分支机构。建议降低集团产品买方信贷、消费信贷业务、一头在外的供应链金融

业务准入门槛；支持大型企业集团发展融资租赁、产业基金业务，为下游客户解决融资难题；适度控制企业从事证券、期货、保险、信托业务规模，企业集团根据产业特性适当开展上述业务；适度提高企业集团从事银行业务准入。

9.2.3 适度放宽集团金融企业与实体产业企业关联交易管制

大型企业集团金融业务定位是服务主业，集团内部的各级实体产业控股、参股子公司均为金融业务的服务范围，因此在产融共生过程中，金融业务子公司与实体产业子公司之间的关联交易是无法避免的。如果过度限制关联交易，相当于限制金融服务主业的功能，不利于产业协同发展。例如，《信托公司集合资金信托计划管理办法》所禁止的关联方交易中的关联方特指信托股东和股东的关联方，如果信托公司将信托资金投资于除股东和股东关联方以外关联方的股权，信托公司只要按照规定事前报告和进行信息披露即可，但是针对信托计划与信托公司股东及其关联方的交易，法规是明确禁止限制的，目的是防止股东将信托公司作为融资平台，增加信托计划风险。但是这种规定并不利于企业集团产融协同。财务公司与上市公司的关联交易也同样受到管制。

9.2.4 完善法规体系建设

完善准入制度，加强对企业集团准入资格、治理结构、内部控制、资本限制等规定，防止企业集团对控股金融公司的不当交易和恶意控制；要结合我国金融业实际，完善企业集团控股金融机构资本充足率监管制度，解决财务杠杆过高和资本虚增问题；要建立关联交易监管制度和高管任职资格审查制度，完善对风险集中度的控制。

9.3　完善市场监管机制，建立适应产融共生发展要求的金融业务监管体系

对于中央企业和地方国企，国资委等主管部门在风险可控的原则下，对企业集团涉足金融业务持鼓励态度，对于民营企业来说，主管部门对民企涉足金融业务也没有明确的限制，整体从宏观角度来说，我国整体处于产融共生初级阶段向中级阶段过渡时期，微观企业层面的产融结合比较成熟且已经走在立法和监管的前面，而立法和监管缺失对于整个金融体系的稳定性来说是不利的。我国主管部门应尽快出台微观企业产融结合相关法律法规，并加强对大型企业集团涉足金融业务及产融战略进行规范和指导。例如，主管部门应该在企业集团产融实践的监管与风控方面展开系统性研究，制订企业集团推进产融战略前的准入条件，以及涉足金融业务领域后需遵从的细则，防范系统性金融风险，如果缺少完整的、可操作的法律法规体系，产融秩序就难以为继，更谈不上健康稳定发展，一旦造成金融系统性风险，不仅损害金融机构，还会波及大型企业集团，对实体经济发展产生不利影响。

9.3.1　引入金融控股公司监管制度

金融控股公司是指对两个或两个以上不同类型金融机构拥有实质控制权，自身仅开展股权投资管理、不直接从事商业性经营活动的有限责任公司或股份有限公司。金融控股公司是我国产融结合发

展过程中的一种组织形式，近年来，我国金融控股公司发展较快，但有一些金融控股公司，主要是非金融企业投资形成的金融控股公司盲目向金融业扩张，存在监管真空，风险不断累积和暴露。金融控股公司在操作的层面风险有：许多大型企业集团控股参股金融机构的资本金来源不符合向金融机构入股的规定；大型企业集团股东和控股参股金融机构间存在不合理不正当的关联交易和暗箱操作等情况；企业集团多业务单元金融化，内部管理政策有差异、利益协调存在困难、治理结构待完善，这些都是企业需要急需解决的问题。金融控股公司在风险控制方面也存在一定不足：许多上市公司缺乏风险意识，为了单纯获取丰富的金融利润而投资控股参股期货公司、证券公司、基金公司，往往在金融危机中蒙受巨额亏损。金融控股公司配套监管和制度存在较多问题：我国现阶段缺少金融控股公司监管法规，在金融控股公司的准入、认定、监管协调方面还存在难点，造成许多不规范、不透明的操作黑幕。

9.3.2 完善监管体制

目前，我国实体企业涉足金融机构的案例也逐渐增多，但由于相关监管体系不完善，很多实体企业仅仅实现了形式上的控股参股，没有实现产业金融整合，也没有形成实体与金融的良性协同互动，最终企业集团出现经营管理不善，只能剥离金融业务。所以说建立与之匹配的市场监管体系是迫切而必要的。第一，设定监管准入条件：实体企业可以开展与其主营业务适应度较高的金融业务，也可以控股参股相关的金融机构，为谋求企业发展而共同努力；要与政府对于产业发展规划和指导相匹配；企业经营情况、组织架构、自身规模和内部控制要达到一定的标准；需要建立具有金融机构工作背景或专业知识的团队。第二，建立统一规范的统计口径，加强监管信息的沟通和协调，要实施日常动态跟踪，加强调查，及时汇总信息，提高对产融结合企业监管的针对性。第三，建立市场监管约束制度，培育公正有效的中介市场，加强投资者的教育；要改进监管方法，简化审批程序，创新监管手段，降低监管成本。第四，建立金融业务退出机制，例如强制退出和自愿退出机制等，并针对不同的退出模式制定与之对应的监管政策。

9.3.3　加强监管协调

要加强监管协调。实施强制性信息披露机制和真实性责任追究制度，建立不同监管机构间定期进行信息交换的机制，实现信息共享；建立主监管者制度，充分发挥人民银行的作用并赋予其牵头协调和监管的职责和权威，指引和协调其他监管者联合行动；建立金融风险评估机制，有关监管部门定期对本行业的风险情况进行通报，发改委、财政部、国资委等部门共同参与，定期进行磋商，评估金融风险，制定防范措施，研究处置方案。

第10章　总结与展望

10.1　主要结论

本书在回顾了现有产融结合相关研究的理论基础上，遵循由此及彼、由小见大的哲学思路，将产融共生的研究由微观企业的产融结合扩展到产业链及至整个经济环境的产融共生；从企业视角，推演到从组织生态学角度的资源优化配置，试图找出在供给侧结构性改革的宏观环境下，企业如何进行产融结合，为生态圈的产融共生做贡献，为金融支持实体经济发展提供可行的方案。研究产融共生发展的演化过程，本书提出了产融共生的阶段性特征与经验决策规则。本书运用相关多角化发展战略理论、规模经济理论、结构洞理论的基本原理，从宏观的角度评判经济社会中产业金融产融共生的状态，并将产融共生划分为“初级阶段”“中级阶段”“高级阶段”，各个阶段由低级到高级是一个不断演进、动态变化的过程，阐释了每个阶段的不同特点和参与方的关注点及互相之间的关系。通过构建现金持有量的线性模型，从资金有效性的角度评估企业产融结合的好坏，并给出评估标准；又从运筹学的角度，构建决策树，对本书大型企业集团进行产融共生的组织模式选择进行定量评价。通过采用我国“产融共生”成功企业的相关数据，在充分进行数据特征分析的基础上，运用C5.0决策树算法建立了企业“产融共生”主导型组织模式和发展模式的决策规则。最后利用公司战略理论，构建我国大型企业产融共生发展的策略图并给出建议。主要得到以下结果：

在利用描述统计方法对我国大型企业产融结合的现状进行分析中，利用 Wind 数据库，选取 2008—2018 年 300 个“由产到融”的有代表性样本，进行具体的分析。结果显示，我国大型企业产融结合的发展现状从实施产融结合发展的非金融上市公司数量变化来看，总体上呈现出逐年增加的态势。从被参股金融机构的结构分布来看，银行、证券、财务公司和保险等行业是现阶段产融结合的重要模式，尤其是银行和财务公司所占的比例持续上升。从行业分布的情况来看，在所考察的范围内几乎涉及了所有行业，而制造业、电力、煤气和水的生产和供应业，以及批发和零售贸易等行业的比重更高。大部分实体企业选择以参股形式进入金融行业，选择以 20%以上的参股形式的企业较少。民营企业以银行、证券、保险、期货居多。

本书对典型产融结合案例进行比较分析，挑选了海尔集团、三菱集团、德隆集团、GE 集团、华为公司 5 个国内外典型案例进行 SWOT 分析。分析表明，大型企业产融结合能够实现产业资本和金融资本互补，降低资金成本，提高资金有效性；为客户提供多样化的金融服务，抢占市场资源，实现范围经济，助力主业发展；借助金融创新，快速推进国际化进程，表明大型企业发展产融结合是很有必要的。然而，中国企业产融结合的进程中也存在许多问题，由于起步较晚，存在诸多先天不足；市场监管、企业制度尚不完善；面临国别风险、金融风险、经营风险、管理风险等各类风险。综上所述，我国大型企业在处理产融结合的发展与风险防范方面，存在较大差异，迫切需要科学的方法对产融结合进行效率评价。

在对我国大型企业产融结合发展现状分析的基础上，发现了产融结合的诸多问题。产生这一问题的根本原因在于，产融结合更多时候只是产业和金融业之间在形式上的互相控制，只是一种量的结合，并未达到质的飞越，即未形成实际意义上的科学有效，多方占优，共生共荣关系。因此本书的脉络进一步清晰，运用由此及彼、由小见大的哲学思路，将产融共生的研究由微观企业的产融结合扩展到产业链及至整个经济环境角度的产融共生；从企业视角，推演到从组织生态学角度的资源配置，试图找出在供给侧结构性改革的宏观环境下，企业如何进行产融结合，为生态圈的产融共生做贡献，为金融支持实体经济发展提供可行的方案。

本书提出了产融共生的阶段性特征与经验决策规则。运用相关多角化发展战略理论、规模经济理论、结构洞理论的基本原理，从宏观的角度评判经济社会中产业金融产融共生的状态，并将产融共生划分为“初级阶段”“中级阶段”“高级阶段”，各个阶段由低级到高级是一个不断演进、动态变化的过程，阐释了每个阶段的不同特点和参与方的关注点及互相之间的关系。“产融共生初级阶段”是指金融机构向多个客户提供综合性的融资方案的过程。在该阶段，金融机构是核心企业，参与方之间彼此分散、独立，产融共生的参与各方与金融机构之间是资金借贷关系。“产融共生中级阶段”是指在“以核心企业为龙头的供应链体系”基础上升级为信用体系—生态体系。该阶段实现了全链条资金与负债的精益配置，通过信用体系促进提高全链条运营效率，使核心企业与上下游企业间建立敏捷合作关系。“产融共生高级阶段”是指通过跨条线、跨部门、跨区域的协同交流，实现政府、企业、行业协会等广泛联盟，最终搭建物联网和互联网相融合的产业生态圈和金融生态平台。产融共生的价值来自各参与方的共同贡献，最终通过金融资源的优化配置，增强产业生态圈的功能，同时又通过产业生态圈使得金融资源实现增值。

我国大型企业产融共生效率评价。以某大型风电制造企业为例，本书首先通过分析该企业产融结合的具体特点，运用五力模型分析该企业所在的产融共生产业生态圈的竞争环境，运用层次分析法确定方案层要素即各个评价指标；通过设计调查问卷，得到各个评价指标的权重排序，进而构建一套适合于该企业产融共生效率的评价体系，并对该企业产融共生效率进行了论证。通过分析发现，影响该企业产融共生效率因素包括整个产业生态圈效率、各参与方效率、核心企业主营业务板块效率、核心企业实体部门效率、核心企业资金管理效率、核心企业风险管理效率，其中最主要的影响因素是核心企业资金管理效率。

资金管理的效率评价和提升策略研究。本书基于现金日记账，运用多因素回归的方法，提出了一套对于大型企业产融结合资金管理有效性的评价方法。为了提升资金管理有效性的可操作性，本书选择了公司规模、总资产利润率、固定资产、资产负债率、资产获现率、净资产收益率、银行负债情况、委托代理情况、管理层关系等影响因素，构造计量经济模型，对有效的现金持有水平进行预测，该方法有助于提升企业资金管理水平，进而提高产融共生效率。

在产融共生的组织模式和选择评价上，本书首先采用我国“产融共生”成功企业的相关数据，在充分进行数据特征分析的基础上，运用 C5.0 决策树算法建立了企业“产融共生”主导型组织模式和发展模式的决策规则，为未来想要发展“产融共生”的企业提供了有力的决策依据。

本书在上述研究的基础上，给出了产融共生状态下微观主体产融结合的发展的策略建议：产融结合发展路径应坚持实体产业主导下的单一型产融结合发展战略，基于企业实体产业需求，坚持“以产定融、以融促产、产融结合、服务主业”的战略定位，充分发挥产业和金融资本的协同效应，实现各种生产要素有效配置。

在传统产融结合理论基础上，提出了产融共生的概念。本书指出产融共生是微观主体进行产融结合的评价体系，是站在整个生态圈对每个微观主体的产融共生效率及路径选择进行科学评价。产融共生不再是点对点的关系，而是跨条线、跨企业、跨区域的点对线、线对线、线对面、面对面的产业链和生态圈，各参与方不仅关注资金链和价值链，其关注点也从单个个体转移到整个生态圈，企业通过开展科学有效、多方占优、共生共荣的产融结合，最终达到整个生态圈的资源优化配，即达到产融共生的状态。

10.2 未来研究展望

本书的研究视角是“由产到融”的企业，但是为了研究课题的完整性，其他产融结合的路径也值得研究，例如“由融到产”“融融相结合”等形式的产融结合。在研究产融结合发展现状的过程中，由于数据量的限制，本书仅选取了2008—2018年这10年的数据，并选取300个有代表性的样本进行研究。但是对我国产融结合的现状和问题研究，还需累计更多的基础数据，从更多的方面去诠释现象，发现本质。

虽然本书通过分析发现，影响该企业产融共生效率因素包括整个产业生态圈效率、各参与方效率、核心企业主营业务板块效率、核心企业实体部门效率、核心企业资金管理效率、核心企业风险管理效率，其中最主要的影响因素是核心企业资金管理效率。因此本书基于现金日记账，运用多因素回归的方法，提出了一套对于大型企业产融结合资金管理有效性评价方法，但其他维度，如企业战略、公司管理等都是值得研究的角度。

另外，随着科技的进步，区块链技术的革新，大数据时代的到来，统计研究方法的不断更新，宏观经济环境的日益变化，影响微观企业产融结合及其产融共生状态的因素将不断变化。因此，关于微观企业产融结合及其产融共生状态的研究也应随之持续下去。

参考文献

［1］奥林·戈莱比．国际金融市场［M］．北京：中国金融出版社，1998.

［2］蔡强，田歆，胡毅，乔晗，杨一帆，汪寿阳．产融结合模式的进程研究——以GE、联想控股为例［J］．科技促进发展，2017，13（3）：145-153.

［3］陈成，刘聪．产融结合是保险资金股权投资的发展趋势［J］．清华金融评论，2017（2）：89-93.

［4］邓楠．我国上市公司产融结合实证研究——基于产业资本参股金融机构的视角［J］．科学经济社会，2017，35（4）：52-60.

［5］丁波，姚舜达．我国金融控股公司协同发展战略的转型路径——基于国际经验的借鉴［J］．农村金融研究，2016（11）：18-24.

［6］杜传忠，王飞，蒋伊菲．中国工业上市公司产融结合的动因及效率分析——基于参股上市金融机构的视角［J］．经济与管理研究，2014（4）：84-90.

［7］冯保国．金融控股公司管理研究［J］．国际石油经济，2017，25（7）：26-33.

［8］傅艳．产融结合之路通向何方：中国产业与金融结合的有效性研究［M］．北京：人民出版社，2003.

［9］高丽．金融控股公司监管研究［J］．金融经济，2016（12）：75-78.

［10］格申克龙．经济落后的历史透视［M］．北京：商务印书

馆，2007.

[11] 郭水文．中央企业产融结合的实践探索、经验总结以及未来展望［J］．西南金融，2018（2）：17-22.

[12] 郭水文．中央企业产融结合发展实践研究——以国家电网公司为例［J］．金融理论探索，2018（2）：52-61.

[13] 郭水文．中央企业产融结合研究：一个理论述评［J］．金融发展评论，2018（2）：80-88.

[14] 韩丹，王磊．产融结合、股权集中度与公司投资效率——基于上市公司参股银行的面板数据分析［J］．企业经济，2016，35（11）：162-171.

[15] 韩民，高戌煦．产融结合型银行供应链金融业务有效性研究——基于昆仑银行的实证分析［J］．财经理论与实践，2016，37（5）：23-30.

[16] 韩民，高戌煦．供应链金融对企业融资约束的缓解作用——产融企业与非产融企业的对比分析［J］．金融经济学研究，2017，32（4）：59-69.

[17] 胡彦鑫，刘娅茹，杨有振．产融结合能否提升企业投资效率？——基于上市公司持股金融机构的经验证据［J］．经济问题，2019（3）：39-46.

[18] 黄冰冰，马元驹．股权集中度对现金持有的影响路径——基于大股东占款的中介效应［J］．经济与管理研究，2018，39（11）：131-144.

[19] 黄明．现代产融结合新论：中国银企协调改革的模式选择［M］．北京：中国经济出版社，2000.

[20] 霍利斯·钱纳里．工业化和经济增长的比较研究［M］．上海：上海人民出版社，1987.

[21] 贾吉明，夏庆宇．产融结合型企业利润结构质量分析体系

的构建——基于中国实体产业投资金融机构的视角研究［J］. 现代管理科学，2017（1）：91-93.

［22］江龙，刘笑松. 经济周期波动与上市公司现金持有行为研究［J］. 会计研究，2011（9）：40-46.

［23］姜燕. 通用电气“产融结合”战略研究［D］. 北京：北京化工大学，2007.

［24］姜增明，谢琳，冀玥竹. 融资租赁赋能中央企业产融结合研究［J］. 企业经济，2018，37（9）：182-187.

［25］金德尔伯格. 西欧金融史［M］. 北京：中国金融出版社，1991.

［26］拉法格. 拉法格文选［M］. 北京：中国人民大学出版社，2005.

［27］黎文靖，李茫茫. “实体+金融”：融资约束、政策迎合还是市场竞争——基于不同产权性质视角的经验研究［J］. 金融研究，2017（8）：100-116.

［28］李健英，李娟，赵津. 抗战时期产融结合的脆弱性探析——以金城银行投资天字号企业为例［J］. 南开经济研究，2016（5）：145-153.

［29］李蕾，韩立岩. 价值投资还是价值创造——基于境内外机构投资者比较的经验研究［J］. 经济学，2014，13（1）：351-372.

［30］李茫茫. 实体企业产融结合：动因与经济后果研究［D］. 广州：暨南大学，2018.

［31］李天钰，辛宇，徐莉萍，朱俏俏. 产融结合与企业风险承担［J］. 管理学季刊，2018，3（2）：36-67.

［32］李维安，马超. “实业+金融”的产融结合模式与企业投资效率——基于中国上市公司控股金融机构的研究［J］. 金融研究，2014（11）：109-126.

［33］连玉君，刘醒云，苏治．现金持有的行业特征：差异性与收敛性［J］．会计研究，2011（7）：66-72.

［34］连玉君，彭方平，苏治．融资约束与流动性管理行为［J］．金融研究，2010（10）：158-171.

［35］蔺元．我国上市公司产融结合效果分析——基于参股非上市金融机构视角的实证研究［J］．南开管理评论，2010，13（5）：153-160.

［36］刘昌菊，荼洪旺．我国区域产融结合效率的实证分析［J］．统计与决策，2018，34（4）：135-138.

［37］刘超，祝琨璘．论以网络组织为基础的产融结合［J］．经济与管理研究，2016，37（4）：92-101.

［38］刘凡．经济新常态下融资租赁发展问题研究［D］．成都：四川省社会科学院，2017.

［39］刘丽萍．产融结合下的融资模式创新［J］．冶金财会，2017（6）：28-29.

［40］刘亮，朱慧敏．我国上市公司产融结合的效应分析——基于产业资本参股金融机构的实证研究［J］．金融评论，2018，10（6）：84-96.

［41］刘锡良，齐子漫，刘帅．产融结合视角下的资本形成与经济增长［J］．经济与管理研究，2015，36（7）：3-11.

［42］鲁政委，陈昊．金融控股公司并表监管的发展演进与国际经验［J］．金融监管研究，2018（3）：1-19.

［43］陆岷峰，葛和平．中国金融控股集团发展现状与路径研究［J］．西南金融，2018（2）：11-16.

［44］罗兴，朱乾宇．经营协同的产融结合［J］．中国金融，2016（22）：88-89.

［45］马红，侯贵生，王元月．产融结合与我国企业投融资期限

错配——基于上市公司经验数据的实证研究［J］．南开管理评论，2018，21（3）：46-53.

［46］马红，王元月．金融环境、产融结合与我国企业成长［J］．财经科学，2017（1）：59-71.

［47］马永斌，闫佳．产融结合与制造业企业转型升级［J］．技术经济与管理研究，2017（3）：110-114.

［48］马忠，王龙丰，杨侠．子公司多元化、业务分布与现金持有——基于母子公司内部资本配置视角的分析［J］．会计研究，2018（1）：75-81.

［49］莫里斯·伯恩斯坦．比较经济体制［M］．北京：中国财政出版社，1988.

［50］穆林娟，张红．机构投资者持股与上市公司业绩相关性研究——基于中国上市公司的经验数据［J］．北京工商大学学报（社会科学版），2008（4）：76-82.

［51］彭桃英，周伟．中国上市公司高额现金持有动因研究——代理理论抑或权衡理论［J］．会计研究，2006（5）：42-49+95.

［52］钱东平．地方金融控股公司发展与监管［J］．中国金融，2017（16）：19-21.

［53］钱东平．金融控股公司内涵、基本特征及主体监管［J］．金融纵横，2016（6）：17-25.

［54］秦国楼，张娟．通用电气剥离金融资产启示［J］．中国金融，2017（5）：88-89.

［55］青木昌彦，奥野正宽．经济体制的比较制度分析［M］．北京：中国发展出版社，1999.

［56］青木昌彦．日本主银行体制及其与发展中国家经济转轨中的相关性研究［M］．北京：中国金融出版社，1998.

［57］曲昭光，陈春林．基于VAR模型的我国金融控股集团风

险传染效应分析［J］．金融理论与实践，2017（5）：39-45.

［58］饶华春．产融结合研究［D］．广州：暨南大学，2002.

［59］盛安琪，汪顺，盛明泉．产融结合与实体企业竞争力——来自制造业样本的实证分析［J］．广东财经大学学报，2018，33（1）：15-26.

［60］盛明泉，汪顺，商玉萍．金融资产配置与实体企业全要素生产率："产融相长"还是"脱实向虚"［J］．财贸研究，2018，29（10）：87-97.

［61］史金艳，秦基超．融资约束、客户关系与公司现金持有［J］．系统管理学报，2018，27（5）：844-853.

［62］苏冬蔚，曾海舰．宏观经济因素与公司资本结构变动［J］．经济研究，2009，44（12）：52-65.

［63］孙进军，顾乃康．现金持有量决策具有战略效应吗？——基于现金持有量的平均效应与区间效应的研究［J］．商业经济与管理，2012（3）：85-96.

［64］孙莉娜．产业资本与金融资本的融合及其经济效应分析［D］．大连：东北财经大学，2011.

［65］孙源．我国企业集团产融结合的有效性研究［D］．成都：西南财经大学，2012.

［66］谭小芳，郭蕾，胡媛媛．国有上市公司产融结合的有效性研究［J］．宏观经济研究，2016（10）：133-142.

［67］谭小芳．基于股权投资的产融结合效应研究——以农业上市公司为例［J］．财经问题研究，2016（6）：72-78.

［68］唐婧清，刘树海，张俊民．融资约束、存货持有行为与企业投资效率——来自我国制造业上市公司的经验证据［J］．经济问题，2017（8）：43-49.

［69］万良勇，廖明情，胡璟．产融结合与企业融资约束——基

于上市公司参股银行的实证研究［J］．南开管理评论，2015，18（2）：64-72+91.

［70］万魏．我国金融控股公司发展及监管问题研究［J］．西南金融，2018（6）：9-17.

［71］汪建坤，邓艳梅．产业政策中金融手段运用的国际比较［J］．经济理论与经济管理，2001（12）：28-31.

［72］王爱东，李果．不同行业视角下产融结合效率的实证分析［J］．统计与决策，2017（9）：156-159.

［73］王波，郑联盛，王兴帅．韩国产融结合：模式、经验与启示［J］．金融发展研究，2018（6）：37-44.

［74］王超恩，张瑞君，谢露．产融结合、金融发展与企业创新——来自制造业上市公司持股金融机构的经验证据［J］．研究与发展管理，2016，28（5）：71-81.

［75］王广宇．供给侧改革中的产融结合［J］．中国金融，2017（1）：81-82.

［76］王克馨，李宏．国内产融结合的发展历程与风险治理［J］．地方财政研究，2015（5）：78-82.

［77］王克馨．中国产融结合发展模式与路径选择研究［D］．大连：东北财经大学，2015.

［78］王莉，马玲，郭立宏．产业资本与金融资本结合的相关理论综述［J］．经济学动态，2010（11）：88-91.

［79］王帅．产融型企业集团经济效应及市场风险评估研究［M］．北京：知识产权出版社，2013.

［80］王新宇．我国企业集团产融结合研究［J］．投资研究，2011（4）：47-50.

［81］王秀丽，贾吉明，李淑静．产融结合、内部资本市场与融资约束——基于中国实体产业投资金融机构的视角研究［J］．海南

大学学报（人文社会科学版），2017，35（1）：23-29.

［82］王秀丽，张龙天．产融结合退出及影响因素分析——基于参股非上市金融公司视角的实证研究［J］．吉首大学学报（社会科学版），2017，38（1）：50-55.

［83］王彦超，王语嫣．债权人诉讼是如何影响企业现金持有行为的？［J］．会计研究，2018（7）：35-42.

［84］王旸．加强我国金融控股公司监管问题的研究［D］．天津：天津师范大学，2013.

［85］王耀丹．产融结合分析以华润集团为例［J］．现代商贸工业，2018，39（6）：91-92.

［86］王勇．新经济形势下产融结合研究［M］．成都：四川人民出版社，2005.

［87］文柯．基于Logistic的上市公司产融结合风险预警模型研究［J］．中国管理科学，2012，20（S1）：346-350.

［88］吴春雷，张新民．产融结合对经营性资产增值的影响：是助力还是阻力［J］．北京工商大学学报（社会科学版），2018，33（4）：53-64.

［89］吴昊旻，谢广霞．融资约束、股权性质与上市公司现金持有价值［J］．商业研究，2015（3）：84-91.

［90］武传德，刘鸽．企业集团财务公司如何推动供给侧结构性改革——基于产融结合的视角［J］．金融理论与教学，2018（6）：12-16.

［91］武耀华．金融控股集团协同发展综合金融服务探究［J］．金融与经济，2017（6）：63-67.

［92］希法亭．金融资本［M］．北京：商务印书馆，2007.

［93］肖明，吴慧香，张群，颜瑞．基于宏观经济视角的我国上市公司现金持有量研究［J］．中国管理科学，2013，21（3）：

28-34.

［94］谢杭生．产融结合研究［M］．北京：中国金融出版社，2000.

［95］辛宇，徐莉萍．上市公司现金持有水平的影响因素：财务特征、股权结构及治理环境［J］．中国会计评论，2006（2）：307-320.

［96］邢天添．深化产融结合助力实体经济［J］．宏观经济管理，2017（7）：33-37.

［97］邢天添．中国产融结合：演进路径、宏观效应与产融政策［J］．中央财经大学学报，2016（12）：91-100.

［98］胥爱欢，李红燕．美、英、澳金融控股公司监管实践及对我国的启示［J］．西南金融，2018（1）：18-22.

［99］许菲，何先敏，魏遥．基于 DEA-CCR 模型的房地产行业上市公司产融结合运营效率研究［J］．阜阳师范学院学报（自然科学版），2018，35（4）：83-89.

［100］闫海洲，陈百助．产业上市公司的金融资产：市场效应与持有动机［J］．经济研究，2018，53（7）：152-166.

［101］严洪．产业资本与金融资本结合：优化方向及职能边界［J］．社会科学研究，2018（6）：59-67.

［102］杨兴全，齐云飞，吴昊旻．行业成长性影响公司现金持有吗？［J］．管理世界，2016（1）：153-169.

［103］杨兴全，吴昊旻．行业特征、产品市场竞争与公司现金持有量——来自中国上市公司的经验证据［J］．经济评论，2009（1）：69-76.

［104］杨兴全，尹兴强．国企混改如何影响公司现金持有？［J］．管理世界，2018，34（11）：93-107.

［105］杨竹清．产融结合、企业属性和研发创新［J］．产业经

济评论（山东大学），2018，17（1）：158-175.

［106］杨竹清．产融结合与全要素生产率关系［J］．金融经济学研究，2017，32（5）：62-72.

［107］杨竹清．产融结合与信用风险关系研究——基于KMV模型的实证［J］．当代金融研究，2018（5）：32-46.

［108］杨竹清．企业研发创新、多元化经营与产融结合——来自中国上市公司的经验证据［J］．当代经济管理，2018，40（11）：15-22.

［109］臧玉荣．国有资本产融结合研究［D］．北京：中共中央党校，2015.

［110］张春海．产融结合、金融发展与企业成长——来自制造业上市公司持股金融机构的经验证据［J］．金融发展研究，2017（11）：40-46.

［111］张迪．具有产业背景的金融国企如何进行混改——以财务公司为例［J］．企业改革与管理，2017（3）：73-74.

［112］张慧智，翟舒毅，刘雅君．金融控股公司监管研究——韩国的经验与启示［J］．学习与探索，2016（9）：112-117.

［113］张建刚，张云凤，康宏．产融结合视角下我国金融业沿“一带一路”走出去的思考［J］．国际贸易，2018（3）：56-60.

［114］张娟．产融结合——基于美国GE金融资产剥离的案例分析［J］．公共财政研究，2016（1）：72-80.

［115］张龙天．制度环境、产融结合与企业经营风险研究［D］．北京：对外经济贸易大学，2017.

［116］张鹏．产融结合进程、研究动态与发展趋势——基于我国经济体制改革的逻辑［J］．财经论丛，2017（6）：11-19.

［117］张启望．最优现金持有行为研究：基于绩效的判断标准［J］．中国工业经济，2016（4）：144-160.

［118］张倩．我国金融控股公司的发展趋势与立法监管研究［J］．法制博览，2017（13）：9-11．

［119］张庆亮，杨莲娜．产融型企业集团：国外的实践与中国的发展［M］．北京：中国金融出版社，2005．

［120］张胜达，刘纯彬．企业集团产融结合的风险传导机制与风险控制研究［J］．现代管理科学，2016（2）：66-68．

［121］张晓莉，李倩云．人民币国际地位、汇率波动与境外中国金融资产持有量——基于PVAR的实证研究［J］．国际金融研究，2018（7）：42-52．

［122］赵通，任保平．金融资本和产业资本融合促进实体经济高质量发展的模式选择［J］．贵州社会科学，2018（10）：112-117．

［123］赵文广．企业集团产融结合理论与实践［M］．北京：经济管理出版社，2012．

［124］郑联盛，朱鹤，钟震．国外政府产业引导基金：特征、模式与启示［J］．地方财政研究，2017（3）：30-36．

［125］郑培培，陈少华．管理者过度自信、内部控制与企业现金持有［J］．管理科学，2018，31（4）：3-16．

［126］支燕，吴河北．动态竞争环境下的产融结合动因——基于竞争优势内生论的视角［J］．会计研究，2011（11）：72-77．

［127］支燕，吴河北．我国高技术产业产融结合的有效性研究［J］．科学学与科学技术管理，2010，31（8）：117-121．

［128］周卉，谭跃．产业政策、产融结合与企业融资约束［J］．华东经济管理，2018，32（11）：83-89．

［129］周新军．中国跨国公司治理：模式比较与路径选择［J］．经济研究参考，2006（37）：2-10．

［130］周游．企业产融结合的现实悖论［J］．中国金融，2017（23）：90-91．

[131] 朱玲 . GE 金融服务公司战略管理案例分析 [D]. 兰州：兰州大学，2013.

[132] 祝继高 . 银行与企业交叉持股的理论与依据——基于国际比较的研究 [J]. 国际金融研究，2012（2）：58-68.

[133] 庄仲乔，郭立宏 . 产融结合促进我国供给侧结构性改革深化的因素与路径 [J]. 西北大学学报（哲学社会科学版），2019，49（1）：97-102.

[134] 庄仲乔 . 产融结合促进我国战略性新兴产业成长的理论与实证分析 [J]. 人文杂志，2018（11）：63-71.

[135] Michael Hannan，John Freeman，彭璧玉 . 组织生态学 [M]. 北京：科学出版社，2014.

[136] Aktas N, Louca C, Petmezas D. CEO overconfidence and the value of corporate cash holdings [J]. Journal of Corporate Finance, 2018, 54 (13): 213-217.

[137] An P, Li H, Zhou J, & Chen F. The Evolution Analysis of Listed Companies Co-Holding Non-Listed Financial Companies Based on two-mode Heterogeneous Networks [J]. Physica A Statistical Mechanics & Its Applications, 2017, 13 (5): 484-523.

[138] Baum C F, Caglayan M, Ozkan N, & Talavera O. The Impact of Macroeconomic Uncertainty on Non-Financial Firms' Demand for Liquidity [J]. Boston College Working Papers in Economics, 2005, 15 (4): 289-304.

[139] Baum C F, Caglayan M, Stephan A, & Talavera O. Uncertainty determinants of corporate liquidity [J]. Economic Modelling, 2008, 25 (5): 833-849.

[140] Bodnaruk A, Rossi M. Dual Ownership, Returns, and Voting in Mergers [J]. Journal of Financial Economics, 2016: 291-304.

[141] Brailsford T J, Lin S L, Penm J H W. Conditional Risk, Return and Contagion in the Banking Sector in Asia [J]. Research in International Business & Finance, 2006, 20 (3): 322-339.

[142] Burt R S, Jannotta J E, Mahoney J T. Personality correlates of structural holes [J]. Social Networks, 1998, 20 (1): 63-87.

[143] Cheng-Ru Wu, Chin-Tsai Lin, Yu-Fan Lin. Financial Holding Company in Bancassurance Alliance Models is Preferable: Applying AHP and GRA [J]. Journal of Statistics & Management Systems, 2009, 12 (1): 13-27.

[144] Chiou C C. Effects of Financial Holding Company Act on Bank Efficiency and Productivity in Taiwan [J]. Neuro Computing, 2009, 72 (16): 3490-3506.

[145] Chiou S, Pemas M F. Bondholders' Wealth Effects in Domestic and Cross-border Bank Mergers [J]. Journal of Financial Stability, 2009, 5 (3): 256-271.

[146] Cole C R, Karl J B. The Effect of Product Diversification Strategies on the Performance of Health Insurance Conglomerates [J]. Applied Economics, 2016, 48 (3): 190-202.

[147] Couderc N. Corporate Cash Holdings [J]. Journal of Revue Economique, 2006, 57 (3): 308.

[148] Cuong K, Shimizu, Katsutoshi. Funding Liquidity Risk and Internal Markets in Multi-Bank Holding Companies: Diversification or Internalization [J]. International Review of Financial Analysis, 2018, 57: 136-175.

[149] Curi C, Murgia M. Divestitures and the Financial Conglomerate Excess Value [J]. Journal of Financial Stability, 2018, 36: 187-207.

[150] Daly S, Frikha M. Determinants of Bank Performance: Com-

parative Study Between Conventional and Islamic Banking in Bahrain [J]. Journal of the Knowledge Economy, 2017, 8 (2): 1-18.

[151] Deng B, Zhang D. Analysis of Risk Control Rights Allocation in Financial Holding Company [C]. International Conference on Management & Service Science, 2010.

[152] Dickens R N, Hunsader K. Bank Holding Company Dividend Policy During and Immediately After the 2008 - 2009 Financial Crisis [J]. Social Science Electronic Publishing, 2011, 4 (3): 34-54.

[153] Dontis-Charitos P, Staikouras S, Williams J. Bank Diversification and Financial Conglomerates in Europe [J]. 2016, 32 (3): 132-145.

[154] Doran A C, Schappe S P. How does Fair Treatment Affect Employee Commitment to an Organization? a Field Study of Financial Holding Company Employees [J]. Biotechnology & Biotechnological Equipment, 2014, 26 (1): 126-128.

[155] Drehmann M, Sorensen S, Stringa M. The Integrated Impact of Credit and Interest Rate Risk on Banks: A Dynamic Framework and Stress Testing Application [J]. Journal of Banking & Finance, 2010, 34 (4): 713-729.

[156] Feng H, Rao R P. Cash holdings and CEO risk incentive compensation: Effect of CEO risk aversion [J]. International Review of Financial Analysis, 2018, 60: 162-176.

[157] Ferreira M A, Vilela A S. Why Do Firms Hold Cash? Evidence from EMU Countries [J]. European Financial Management, 2004, 10 (2): 295-319.

[158] Franzoni F A, Giannetti M. Financial Conglomerate Affiliation and Hedge Funds' Countercyclical Risk Taking [J]. Social Science

Electronic Publishing, 2015, 9 (3): 35-46.

[159] Franzoni F A. Are Financial-Conglomerate-Affiliated Hedge Funds Special [J]. Social Science Electronic Publishing, 2016, 7 (3): 45-76.

[160] Frierson R D V. Orders Issued Under Bank Holding Company Act-Chittenden Corporation to Acquire Vermont Financial Services Corporation-Statistical Data Included [J]. Federal Reserve Bulletin, 1999, 8 (7): 22-26.

[161] Gajewski D. The Holding Company as an Instrument of Companies' Tax-Financial Policy Formation [J]. Contemporary Economics, 2013, 7 (1): 75-82.

[162] Gaver J J, Pottier S W. The Role of Holding Company Financial Information in the Insurer-Rating Process: Evidence from the Property-Liability Industry [J]. Journal of Risk & Insurance, 2005, 72 (1): 77-103.

[163] Gortsos C. Identifying Groups as "Financial Conglomerates" Under European Financial Law (Directive 2002/87/EC): A Not So Straightforward Exercise [J]. Social Science Electronic Publishing, 2017: 34.

[164] Gouvin E J. Financial Holding Company Liability after Gramm-Leach-Bliley [J]. Social Science Electronic Publishing, 2011, 56 (4): 65-89.

[165] Guo L. Financial Holding Company or Universal Bank - A Comparative Note on the Latest Amendment to China's Commercial Bank Law Art. 43 [J]. Banking L J, 2004, 12 (5): 34-54.

[166] Hansen B E. Threshold effects in non-dynamic panels: Estimation, testing and inference [J]. Journal of Econometrics, 1999, 93 (2): 345-368.

[167] Hashemi L, Webster B S, Clancy E A, Courtney T K. Length of Disability and Cost of Work-Related Musculoskeletal Disorders of the Upper Extremity [J]. Journal of Occupational & Environmental Medicine, 1998, 40 (3): 261-269.

[168] Hiraki T, Honda T, Ito A, Liu M, & Honda T. Financial Conglomeration, IPO Underwriting, and Allocation in Japan [J]. Social Science Electronic Publishing, 2017, 3 (6): 87-98.

[169] Hirtle B. Bank Holding Company Dividends and Repurchases during the Financial Crisis [J]. Staff Reports, 2014, 23 (2): 12-67.

[170] Hirtle B. Stock Market Reaction to Financial Statement Certification by Bank Holding Company CEO [J]. Journal of Money Credit & Banking, 2006, 38 (5): 1263-1291.

[171] Hubbard R G. Capital-Market Imperfections and Investment [J]. Journal of Economic Literature, 1998, 36 (1): 193-225.

[172] Hummer C. Alliance One: General Court Overturned Parental Liability of a Pure Financial Holding Company [J]. Journal of Uropean Competition Law & Practice, 2011, 2 (2): 126-127.

[173] Jackson H E, Massman S. The Resolution of Distressed Financial Conglomerates [J]. Rsf the Russell Sage Foundation Journal of the Social Sciences, 2017, 3 (1): 48-72.

[174] Jerneck M. Financialization impedes climate change mitigation: Evidence from the early American solar industry [J]. Sci Adv, 2017, 3 (3): 160-163.

[175] Kleinow J, Horsch A, Garcia-Molina M. Factors Driving Systemic Risk of Banks in Latin America [J]. Journal of Economics & Finance, 2017, 41 (2): 1-24.

[176] Kuppuswamy V, Villalonga B. Does Diversification Create

Value in the Presence of External Financing Constraints? Evidence from the 2008-2009 Financial Crisis [J]. Social Science Electronic Publishing, 2016, 62 (1): 66-8.

[177] Kusnadi Y, Yang Z, Zhou Y. Institutional development, state ownership, and corporate cash holdings: Evidence from China [J]. Journal of Business Research, 2015, 68 (2): 351-359.

[178] Laeven L, Ratnovski L, Tong H. Bank Size and Systemic Risk [J]. Imf Staff Discussion Notes, 2014, 19 (3): 429-451.

[179] Lai L H, Hung L C, Kuo C J. Do Well-Financial Holding Company Organized Banks in Taiwan Take More Risk [J]. Review of Pacific Basin Financial Markets & Policies, 2017, 19 (4): 105-132.

[180] Lawrence E, Patterson F, Prakash A. The Effect of Holding Company Affiliation on Bank Risk and the 2008 Financial Crisis [J]. Ssrn Electronic Journal, 2010, 32 (2): 56-87.

[181] Li J. Financial Holding Company Organizational Choice for China's Financial Sector Reform [J]. European Business Law Review, 2006, 43 (4): 32-49.

[182] Li S X, Greenwood R. The Effect of Within-industry Diversification on Firm Performance: Synergy Creation, Mult-market Contract and Market Structuration [J]. Strategic Management Journal, 2004, 25 (12): 1131-1153.

[183] Lin T J, Chang H Y, Yu H F, & Kao C P. The impact of political connections and business groups on cash holdings: Evidence from Chinese listed firms [J]. Global Finance Journal, 2018, 12 (5): 25-31.

[184] Lo S F, Lu W M. An Integrated Performance Evaluation of Financial Holding Companies in Taiwan [J]. European Journal of Operational Research, 2009, 198 (1): 341-350.

[185] Lubben S J, Wilmarth A E. Too Big and Unable to Fail [J]. Social Science Electronic Publishing, 2016, 21 (5): 132-142.

[186] Ly K C, Liu F H, Opong K. Can Parents Protect their Children? Risk Comparison Analysis between Affiliates of Multi and Single-Bank Holding Companies [J]. Journal of Financial Stability, 2018, 37: 1-10.

[187] Ly K C, Shimizu K. Funding liquidity risk and internal markets in multi-bank holding companies: Diversification or internalization? [J]. International Review of Financial Analysis, 2018, 57: 135-165.

[188] Matvos G, Seru A, Silva R. Financial Market Frictions and Diversification [J]. Social Science Electronic Publishing, 2018, 127 (1): 214-235.

[189] Miller M H, Orr D. A Model of the Demand for Money by Firms [J]. Quarterly Journal of Economics, 1966, 80 (3): 413-435.

[190] Myers S C, Majluf N S. Corporate Financing and Investment Decisions When Firms Have Informationthat Investors Do Not Have [J]. Social Science Electronic Publishing, 2001, 13 (2): 187-221.

[191] Ojo M. International Framework for Liquidity Risk Measurement, Standards and Monitoring: Corporate Governance and Internal Controls [J]. Mpra Paper, 2010, 21 (8): 47-76.

[192] Opler T C, Pinkowitz L, Stulz R, Williamson R. The determinants and implications of corporate cash holdings [J]. NBER Working Papers, 1999, 52 (1): 3-46.

[193] Parker D W, Rusell K A. Outsourcing and Inter/intra Supply Chain Dynamics: Strategic Management Isues [J]. Journal of Supply Chain Management, 2004, 40 (4): 56.

[194] Phan H V, Nguyen N, Nguyen H T, & Hegde S P. Policy uncertainty and firm cash holdings [J]. Journal of Business Research,

2019, 16 (7): 95-99.

[195] Schoenmaker D, Veron N. A "Twin Peaks" Vision for Europe [J]. Social Science Electronic Publishing, 2017, 4 (2): 77-96.

[196] Shen C H, Chang Y. Do Financial Holding Company Banks Outperform Independent Banks - Correcting Selection Bias by Matching Methods [J]. Contemporary Economics, 2012: 78-81.

[197] Taylor J L, Smits R. Bank Holding Company Regulation in Kenya, Nigeria and South Africa: a comparative inventory and a call for Pan-African regulation [J]. Journal of Banking Regulation, 2018, 19 (3): 175-210.

[198] Tegshee T. A Case Study of M&A on China Development Financial Holding Company and Cosmos Bank [J]. 2015, 11 (8): 45-67.

[199] Tiago Loncan. Foreign Institutional Ownership and Corporate Cash Holdings: Evidence from Emerging Economies [J]. International Review of Financial Analysis, 2018, 13 (5): 25-31.

[200] Tian J T, Qiu M. Studies of the Legislation of Financial Holding Companies in China: Taiwan's Financial Holding Company Law Revelation to China [J]. Journal of Northwest University, 2013, 14 (7): 56-75.

[201] Ting H I. Financial Development, Role of Government and Bank Profitability: Evidence from the 2008 Financial Crisis [J]. Journal of Economics & Finance, 2017, 41 (2): 1-22.

[202] Yen G F, Yang Y H, Lee Y C. Measuring Managerial Efficiency of the Financial Holding Companies in Taiwan - Applying the Malmquist Index and Co-Plot Approach [J]. Journal of Information & Optimization Sciences, 2015, 34 (4-5): 225-243.

附录

G 企业产融共生效率评价调查问卷

G 企业借助企业自身信用实力或单笔交易的自偿程度与货物流通价值，为所在 G 企业所在的产融共生产业生态圈提供全面金融服务。

G 企业所在的产融共生产业生态圈，对企业自身发展有着不可忽视的作用，并且对风电产业整个供应链发展产生了深远的影响。从风电产业的整个产融共生产业生态圈角度看，G 企业所在的产融共生产业生态圈，覆盖 G 企业的上游供应商、制造商、下游运营商、物流服务商等，是风电产业供应链的缩影。从核心企业（G 企业）的角度看，G 企业产融共生的实施对核心企业（G 企业）的供应商管理效率、运营商管理效率、资金管理效率、风险管理效率、质量管理效率等方面，有积极或消极的作用；对核心企业（G 企业）各业务板块间联动、各职能部门间联动，也有积极或消极的作用。

以下问卷，请分别从两种不同视角：供应链视角、核心企业视角，对 G 企业产融共生的作用进行判断，并选择出您认为最符合事实的选项。

A. 非常同意　　B. 基本同意　　C. 不清楚

D. 基本不同意　　E. 非常不同意

序号	评测指标	评测指标说明	评价
1	资金流优化	风电产业的整个产融共生产业生态圈下，G企业产融共生了整个供应链的资金流	
2	信息全面性、多维度	风电产业的整个产融共生产业生态圈下，G企业产融共生使供应链中相关企业的信息不对等现象有所缓解，信息来源更加多维度	
3	补贴驱动发展依赖程度	风电产业的整个产融共生产业生态圈下，G企业产融共生使风电产业对政策补贴的依赖程度有所降低	
4	供应链运作效率	风电产业的整个产融共生产业生态圈下，G企业产融共生使整个供应链的运作效率大幅提升	
5	整合供应链资源	风电产业的整个产融共生产业生态圈下，G企业产融共生使供应链中各类资源得到进一步整合	
6	供应链延伸	风电产业的整个产融共生产业生态圈下，G企业产融共生使整个产融共生产业生态圈中各个环节的企业数量增多，且整个产融共生产业生态圈有所延伸	
7	缩短现金周转时间	风电产业的整个产融共生产业生态圈下，G企业产融共生缩短了整个产融共生产业生态圈各参与方的资金周转时间	
8	降低企业风险	风电产业的整个产融共生产业生态圈下，G企业产融共生有效降低了整个产融共生产业生态圈各参与方的面临的企业风险	
9	盈利增长	风电产业的整个产融共生产业生态圈下，G企业产融共生使整个产融共生产业生态圈各参与方的盈利有所增长	
10	提供可预测收入	风电产业的整个产融共生产业生态圈下，G企业产融共生为整个产融共生产业生态圈各参与方提供了可预测的现金流	
11	缩短现金周转时间	风电产业的整个产融共生产业生态圈下，G企业产融共生缩短了整个产融共生产业生态圈各参与方资金周转的时间	

续表

序号	评测指标	评测指标说明	评价
12	降低企业风险	风电产业的整个产融共生产业生态圈下，G企业产融共生降低了整个产融共生产业生态圈各参与方面临的风险	
13	盈利增长	风电产业的整个产融共生产业生态圈下，G企业产融共生使供应链中制造商的盈利增长	
14	提供可预测收入	风电产业的整个产融共生产业生态圈下，G企业产融共生为整个产融共生产业生态圈各参与方提供了可预期的现金流	
15	提高配送运输效率	风电产业的整个产融共生产业生态圈下，G企业产融共生提高了整个产融共生产业生态圈中仓储、配送、物流企业的服务效率	
16	降低仓储成本	风电产业的整个产融共生产业生态圈下，G企业产融共生降低了整个产融共生产业生态圈中仓储、配送、物流企业的服务成本	
17	投资主体多元化	风电产业的整个产融共生产业生态圈下，G企业产融共生使整个产融共生产业生态圈中运营商的投资主体多元化	
18	行业集中度	风电产业的整个产融共生产业生态圈下，G企业产融共生使行业集中度提高	
19	改善运营商盈利能力	风电产业的整个产融共生产业生态圈下，G企业产融共生使整个产融共生产业生态圈中运营商的盈利能力增强	
20	缩短现金周转时间	风电产业的整个产融共生产业生态圈下，G企业产融共生缩短了供应链中运营商资金周转的时间，提高了整个产融共生产业生态圈中运营商资金使用的效率	
21	降低企业风险	风电产业的整个产融共生产业生态圈下，G企业产融共生降低了整个产融共生产业生态圈中运营商企业面临的风险	

续表

序号	评测指标	评测指标说明	评价
22	盈利增长	风电产业的整个产融共生产业生态圈下，G 企业产融共生使整个产融共生产业生态圈中运营商的盈利增长	
23	提供可预测收入	风电产业的整个产融共生产业生态圈下，G 企业产融共生为整个产融共生产业生态圈中运营商提供了可预期的现金流	
24	供应商产品质量	风电产业的整个产融共生产业生态圈的核心企业 G 企业产融共生，提高了企业上游供应商所供应产品的质量	
25	与供应商关系改善	风电产业的整个产融共生产业生态圈的核心企业 G 企业产融共生，使企业与其上游供应商的关系有所改善	
26	提高供应商黏性、稳定性	风电产业的整个产融共生产业生态圈的核心企业 G 企业产融共生，提高了企业与上游供应商合作的黏性、稳定性	
27	提高与供应商议价能力	风电产业的整个产融共生产业生态圈的核心企业 G 企业产融共生，提升了企业与其上游供应商合作的议价能力	
28	优质供应商数量	风电产业的整个产融共生产业生态圈的核心企业 G 企业产融共生，使企业的上游供应商中，优质的供应商数量增加	
29	潜在竞争者进入市场	风电产业的整个产融共生产业生态圈的核心企业 G 企业产融共生，抑制了企业的潜在竞争者进入市场，提高了企业的竞争力	
30	主营业务板块联动效应	风电产业的整个产融共生产业生态圈的核心企业 G 企业产融共生，在企业的主营业务板块间产生积极的联动效应	
31	风机制造板块运作效率	风电产业的整个产融共生产业生态圈的核心企业 G 企业产融共生，对企业的风机制造板块有积极作用	

续表

序号	评测指标	评测指标说明	评价
32	风机质量控制效率	风电产业的整个产融共生产业生态圈的核心企业G企业产融共生，对企业的风机质量控制有积极作用	
33	风电场投资开发回报周期缩短	风电产业的整个产融共生产业生态圈的核心企业G企业产融共生，对企业的风电场投资开发有积极作用	
34	风电服务运营效率提高	风电产业的整个产融共生产业生态圈的核心企业G企业产融共生，对企业的风电服务有积极作用	
35	供应链碳资产质押融资运作	风电产业的整个产融共生产业生态圈的核心企业G企业产融共生，使企业供碳资产质押融资运作的可行性提升	
36	部门间沟通协调成本	风电产业的整个产融共生产业生态圈的核心企业G企业产融共生，在企业的各个职能部门间产生积极联动效应	
37	企业运营管理水平	风电产业的整个产融共生产业生态圈的核心企业G企业产融共生，对提高企业的运营管理水平有积极作用	
38	产品销售周期	风电产业的整个产融共生产业生态圈的核心企业G企业产融共生，对企业的销售部门产生积极作用	
39	产品竞争力	风电产业的整个产融共生产业生态圈的核心企业G企业产融共生，提升了企业产品的市场竞争力	
40	售后响应时间	风电产业的整个产融共生产业生态圈的核心企业G企业产融共生，对企业的售后部门产生积极作用	
41	生产周期	风电产业的整个产融共生产业生态圈的核心企业G企业产融共生，缩短了企业的产品生产周期	
42	核心部门联动效应	风电产业的整个产融共生产业生态圈的核心企业G企业产融共生，增加了企业各个职能部门间的沟通成本	
43	管理成本	风电产业的整个产融共生产业生态圈的核心企业G企业产融共生，降低了企业的管理成本	
44	资金利用率	风电产业的整个产融共生产业生态圈的核心企业G企业产融共生，对提升企业的资金利用率有积极作用	

续表

序号	评测指标	评测指标说明	评价
45	现金流管理效率	风电产业的整个产融共生产业生态圈的核心企业G企业产融共生，对提升企业的现金流管理效率有积极作用	
46	优化财务报表指标	风电产业的整个产融共生产业生态圈的核心企业G企业产融共生，对企业的主要财务指标有积极影响	
47	融资成本和资金成本	风电产业的整个产融共生产业生态圈的核心企业G企业产融共生，对降低企业的资金成本有积极影响	
48	融资模式	风电产业的整个产融共生产业生态圈的核心企业G企业产融共生，对优化企业的融资、筹资模式有积极作用	
49	现金流效率	风电产业的整个产融共生产业生态圈的核心企业G企业产融共生，对企业的现金流有积极作用	
50	供应商违约风险	风电产业的整个产融共生产业生态圈的核心企业G企业产融共生，降低了企业风险管理中的供应商违约风险	
51	公司合同违约率	风电产业的整个产融共生产业生态圈的核心企业G企业产融共生，降低了企业坏账率	
52	面临的政策风险	风电产业的整个产融共生产业生态圈的核心企业G企业产融共生，避免企业面临更大的政策风险	
53	原运营商关系	风电产业的整个产融共生产业生态圈的核心企业G企业产融共生，对企业与其下游运营商的合作关系有积极影响	
54	新运营商数量	风电产业的整个产融共生产业生态圈的核心企业G企业产融共生，对企业的下游运营商数量有积极影响	
55	潜在运营商数量	风电产业的整个产融共生产业生态圈的核心企业G企业产融共生，提升了企业下游的潜在运营商进入市场的竞争力	
56	吸引风电投资能力	风电产业的整个产融共生产业生态圈的核心企业G企业产融共生，提升了企业投资盈利的能力	